江西理工大学经济管理学院学术著作出版基金资助

STUDY ON THE IMPACT OF

DIGITAL UPGRADE OF TAX ADMINISTRATION

ON CORPORATE FINANCIAL BEHAVIOR

赖 妍◎著

税收征管数字化升级
对我国企业财务行为的
影响研究

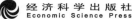

中国财经出版传媒集团
经济科学出版社
Economic Science Press

·北 京·

图书在版编目（CIP）数据

税收征管数字化升级对我国企业财务行为的影响研究／
赖妍著 . -- 北京：经济科学出版社，2024. 11.
ISBN 978 - 7 - 5218 - 6287 - 4

Ⅰ. F279. 246

中国国家版本馆 CIP 数据核字第 2024548LE1 号

责任编辑：王　娟　李艳红
责任校对：齐　杰
责任印制：张佳裕

税收征管数字化升级对我国企业财务行为的影响研究
SHUISHOU ZHENGGUAN SHUZIHUA SHENGJI DUI WOGUO QIYE
CAIWU XINGWEI DE YINGXIANG YANJIU

赖　妍　著
经济科学出版社出版、发行　新华书店经销
社址：北京市海淀区阜成路甲 28 号　邮编：100142
总编部电话：010 - 88191217　发行部电话：010 - 88191522
网址：www. esp. com. cn
电子邮箱：esp@ esp. com. cn
天猫网店：经济科学出版社旗舰店
网址：http：//jjkxcbs. tmall. com
北京季蜂印刷有限公司印装
710 × 1000　16 开　11. 75 印张　200000 字
2024 年 11 月第 1 版　2024 年 11 月第 1 次印刷
ISBN 978 - 7 - 5218 - 6287 - 4　定价：48. 00 元
（图书出现印装问题，本社负责调换。电话：010 - 88191545）
（版权所有　侵权必究　打击盗版　举报热线：010 - 88191661
QQ：2242791300　营销中心电话：010 - 88191537
电子邮箱：dbts@ esp. com. cn）

前　言

2021 年 3 月，中共中央办公厅、国务院办公厅印发了《关于进一步深化税收征管改革的意见》，明确要着力建设以服务纳税人缴费人为中心、以发票电子化改革为突破口、以税收大数据为驱动力的具有高集成功能、高安全性能、高应用效能的智慧税务，充分发挥税收在国家治理中的基础性、支柱性、保障性作用。税收治理现代化是国家治理现代化的重要组成部分，而税收数据是税务机关的生产要素，也是税务机关执法、服务、监督的基础。在数字经济时代，深化税收征管改革，就是要充分利用税收大数据和外部门数据，结合云计算、区块链、流式计算和地理信息系统等技术的应用，实现执法、服务、监管三方面的智能化突破。数字技术与税收征管的深度融合和高效联动，即税收征管数字化升级，使得税收执法方式由"经验执法"转变为"科学执法"，税费服务由"无差别化"转变为"精准主动"，监管模式由"以票管税"转变为"以数治税"，治理主体由"单兵作战"转变为"协同共治"。而企业不仅是微观经济的主体，也是纳税的主体，税收征管的数字化升级无疑在微观层面影响着企业的各项决策和行为。

为此，本书选取 2008~2022 年我国 A 股非金融类上市公司为研究对象，采用我国"金税三期"工程这一准自然实验来刻画税收征管数字化升级，通过构建双重差分模型实证检验了税收征管数字化升级对企业融资、投资、经营及信息披露行为的影响、作用机制及异质性。本书得出的研究结论主要包含以下四个方面。

第一，税收征管数字化升级会显著影响企业的融资行为。本部分以融资约束为切入点，采用我国"金税三期"工程这一准自然实验来刻画税收征管数字化升级，构建双重差分模型经验分析了税收征管数字化升级对企业融资约束的影响、作用机制及异质性。实证研究的结果显示：（1）税收征管数字化升级加剧了企业的融资约束。机制检验结果表明，税收征管数字化升级通过提高实际税负进而加剧企业融资约束。（2）在异质性分析中，揭示了税收征管数字化升级加剧企业融资约束这一效应对非新兴行业、行业竞争程度较高、处于市场化进程较低地区的企业更显著。（3）在进一步测试中，将融资规模区分为债权融资规模和股权融资规模，证实税收征管数字化升级降低了企业的债权融资规模和股权融资规模；将融资成本区分为债务资本成本和权益资本成本，发现税收征管数字化升级提高了企业的债务资本成本。（4）在稳健性检验中，采用平衡趋势假设检验、安慰剂检验、PSM - DID 和排除"营改增"政策干扰四种方法，上述多元回归分析结果与主测试结果一致。

第二，税收征管数字化升级会显著影响企业的投资行为。本部分以投资效率为切入点，采用我国"金税三期"工程这一准自然实验来刻画税收征管数字化升级，构建双重差分模型经验分析了税收征管数字化升级对企业投资效率的影响、作用机制及异质性。实证研究的结果显示：（1）税收征管数字化升级抑制了企业的过度投资和投资不足，提高了企业的投资效率。机制检验结果表明，税收征管数字化升级通过降低代理成本和提高信息透明度进而提高企业的投资效率。（2）在异质性分析中，揭示了税收征管数字化升级提升投资效率这一效应对民营、无政治关联、内部治理水平较高、媒体（分析师）关注程度较高、行业竞争程度较高以及处于市场化进程较高的企业更显著。（3）在进一步测试中，证实税收征管数字化升级会减少企业投资规模。此外，将投资区分为固定资产投资和金融资产投资，发现税收征管数字化升级促使企业减少了固定资产投资，增加了金融资产投资。（4）在稳健性检验中，采用平衡趋势假设检验、安慰剂检验、PSM - DID、替换非效率投资度量方式和排除"营改增"政策干扰五种方法，上述多元回归分析结果与主测试结果一致。

第三，税收征管数字化升级会显著影响企业的经营行为。本部分以经营风险为切入点，采用我国"金税三期"工程这一准自然实验来刻画税收征管数字化升级，构建双重差分模型经验分析了税收征管数字化升级对企业经营风险的影响、作用机制及异质性。实证研究的结果显示：（1）税收征管数字化升级提高了企业经营风险。机制检验结果表明，税收征管数字化升级主要通过提高企业实际税负进而加剧企业经营风险。（2）在异质性分析中，发现税收征管数字化升级对企业经营风险的加剧作用在内部治理水平较低、媒体（分析师）关注程度较低、行业竞争较高以及处于市场化进程较低的企业更明显。（3）在进一步测试中，证实税收征管数字化升级会降低企业经营效率。（4）在稳健性检验中，采用平衡趋势假设检验、安慰剂检验、PSM – DID 和排除"营改增"政策干扰影响四种方法，上述多元回归分析结果与主测试结果一致。

第四，税收征管数字化升级会显著影响企业信息披露行为。本部分以企业信息披露为切入点，采用我国"金税三期"工程这一准自然实验来刻画税收征管数字化升级，构建双重差分模型经验分析了税收征管数字化升级对企业信息披露质量的影响、作用机制及异质性。实证研究的结果显示：（1）税收征管数字化升级会提升企业信息披露质量。机制检验结果表明，税收征管数字化升级主要通过抑制企业避税、降低代理成本和提高信息透明度进而提升企业信息披露质量。（2）在异质性分析中，发现税收征管数字化升级提升企业信息披露质量这一效应对国有企业、内部治理水平较低、媒体关注程度较高、行业竞争程度较高、处于信息化城市以及市场化进程较高的企业更显著。（3）在进一步测试中，证实税收征管数字化升级通过降低代理成本、提高信息透明度进而提升企业 ESG 信息披露质量。（4）在稳健性检验中，采用平衡趋势假设检验、安慰剂检验、PSM – DID、替换企业信息披露质量的度量方式和排除"营改增"政策干扰五种方法，上述多元回归分析结果与主测试结果一致。

基于上述结论，本书分别从政府和企业两方面出发，提出了相应的政策建议。在政府方面：第一，推进以"金税四期"工程为代表的税收征管平台建设；第二，发挥纳税信用评级披露制度的资源配置作用；第三，加强与政府其他相关部门的多方联动；第四，实行分级分类服务管理和差异化的税收改革措施；第五，培育税收征管数字化升级所需的复合型税务人才；第六，落实结构性减税降费政策。在企业方面：第一，辩证认识税收征纳关系；第二，完善内部控制体系；第三，提高内部税务管理人员素质。

综上所述，与国内外同类文献研究相比，本书可能的创新之处主要在于：（1）在研究方法上，本书以不同地区分批上线的"金税三期"改革为准自然实验来刻画税收征管数字化升级，采用多时点双重差分的方法揭示其影响企业财务行为的内在机制及异质性，使得研究的场景更加干净，较好地解决了内生性问题。由此得出的研究结论将更具说服力，有助于进一步深化税收征管体制改革、创新税收监管方式以及推进"金税四期"建设。（2）在研究视角上，本书从税收征管数字化升级这一视角出发，考察其对企业财务行为的影响，不仅提供了税收征管数字化升级的经济后果和企业财务行为影响因素的增量文献，而且拓展了信息和税收征管的相关研究。综合应用大数据、人工智能、云计算、区块链、5G等新兴信息技术，并与税收征管实现深度融合是近年来的热门话题。本书系统考察新兴信息技术在税收征管领域的应用对企业财务行为产生的影响，同时揭示其背后的作用机制，是对新兴信息技术和税收征管相关研究的补充。（3）在研究内容上，本书厘清了企业财务行为的具体内容，并基于宏观政策背景研究"金税三期"对企业不同类型财务行为（包括企业投资、融资、经营及信息披露）的影响，为此类问题的研究提供一个更为全面的检验视角和逻辑思路。这将更直接、更有效地引导企业客观地对待税收征管活动、全面评价税收征管影响，提升公司治理水平，提高投资效率和信息披露质量以及降低融资成本。

本书由江西理工大学经济管理学院赖妍副教授负责设计、内容撰写和组织协调工作。江西理工大学经济管理学院研究生刘微微、王长伟和彭佳妮承担了大量的文献收集和数据资料整理工作。本书在评审、出版过程中，得到了江西理工大学经济管理学院学术著作出版基金的资助以及学院各位领导和老师的大力支持与热情帮助，在此一并表示感谢！

由于笔者水平有限，书中不足之处在所难免，敬请广大读者予以批评指正。

赖　妍

2024 年 5 月

目　　录

第1章 导 论

1.1 研究背景与意义

1.1.1 研究背景

2015 年 10 月，党的十八届五中全会第一次将大数据写入党的全会决议，提出实施"国家大数据战略"，这标志着我国已将大数据视作战略资源并上升为国家战略。2019 年 10 月，党的十九届四中全会又将"数据"增列为生产要素，并提升至驱动经济发展、推进国家治理体系和治理能力现代化的重要高度。2021 年 3 月，中共中央办公厅、国务院办公厅印发了《关于进一步深化税收征管改革的意见》，明确要着力建设以服务纳税人缴费人为中心、以发票电子化改革为突破口、以税收大数据为驱动力的具有高集成功能、高安全性能、高应用效能的智慧税务，充分发挥税收在国家治理中的基础性、支柱性、保障性作用。税收治理现代化是国家治理现代化的重要组成部分，而税收数据是税务机关的生产要素，也是税务机关执法、服务、监督的基础。在数字经济时代背景下，深化税收征管改革，就是要充分利用税收大数据和外部门数据，结合云计算、区块链、流式计算和地理信息系统等技术的应用，实现执法、服务、监管三方面的智能化突破（郜中凯，2021）。

拉开我国税收征管数字化升级序幕的是 2013 年由试点阶段开始逐步

推行的"金税三期"工程。该工程是在我国税收信息化经历了金税一期、二期以及其他三十余个信息系统的开发和建设后实施的，主要包括"一个平台、两级处理、三个覆盖、四类系统"①，目的是建设现代化的税收稽查体系和纳税服务体系。"金税三期"工程基于大数据信息平台，采用人工智能和云计算模式，整合税务、工商、社会保障、统计以及银行等方面信息，实现了信息的互联互通和税收征管的信息化。2020年11月，国家税务总局正式启动"金税四期"工程，更是表明了国家税务总局期望运用大数据、人工智能等新一代信息技术，实现智慧税务和智慧监管的决心。

数字技术运用于税收征管后，使得税收执法方式由"经验执法"转变为"科学执法"，税费服务由"无差别化"转变为"精准主动"，监管模式由"以票管税"转变为"以数治税"，治理主体由"单兵作战"转变为"协同共治"（刘和祥，2022）。而企业不仅是微观经济的主体，也是纳税的主体。大数据、人工智能、云计算、区块链、5G等现代信息技术与税收征管的深度融合和高效联动，即税收征管数字化升级，不仅在宏观层面深刻改变了国内的税收征管环境，而且无疑在微观层面会影响企业的各项决策和行为（Bird and Zolt，2008；张克中等，2020）。那么税收征管数字化升级如何影响企业的各项财务行为？会产生哪些效应？其背后的作用机理是什么？又有何异质性？本书的研究则是为了较好地回答上述问题。

1.1.2 研究意义

1.1.2.1 理论意义

本书在厘清企业财务行为具体内容的基础上，进一步丰富了税收征管

---

① "一个平台"是指包含网络硬件和基础软件的统一的技术基础平台；"两级处理"是指依托统一的技术基础平台，逐步实现数据信息在总局和省局集中处理；"三个覆盖"是指应用内容逐步覆盖所有税种，覆盖所有工作环节，覆盖国地税局并与相关部门联网；"四个系统"是指通过业务重组、优化和规范逐步形成一个以征管业务系统为主，包括行政管理、外部信息和决策支持在内的四大应用系统软件。

数字化升级影响企业财务行为内在机制及异质性的增量文献。本书将税收征管数字化升级与企业财务行为纳入一个分析框架，试图为该领域的研究提供一个更为全面完整的逻辑思路与经验证据。

1.1.2.2　现实意义

第一，本书的研究为税收征管数字化升级的实际政策效果提供了经验证据，有助于税务机关进一步规范税收执法、优化纳税服务，为其他相关的税收征管改革提供了借鉴，具有较强的政策参考价值。目前，国家税务总局已基本完成"金税四期"的开发，对"金税三期"进行必要的评估与总结，不仅可以更好地完善与优化"金税三期"系统，而且在一定程度上为"金税四期"的正式落地提供了有益参考与经验借鉴。

第二，本书运用大样本档案研究全面分析了税收征管数字化升级对企业融资、投资、经营及信息披露四项财务行为的影响，便于企业摒弃税收征管只会压缩其利润空间、增加其资金负担的片面观点，为企业在新形势下辩证地认识税收征纳关系提供了新的思路。

第三，本书揭示了税收征管数字化升级影响企业融资、投资、经营及信息披露行为的内在机制以及异质性，便于企业充分认识到应将更多有效资源聚焦和配置在增强企业真实盈利能力和经营效率的内部管理活动上，进一步提升企业市场竞争优势和财务绩效，最终实现企业的健康、长远发展。

1.2　研究内容、框架与方法

1.2.1　研究内容

本书的研究内容主要包括以下八个部分。

第 1 章，导论。本部分分析了研究的背景及意义，阐明了研究的主要内容，概括了研究的框架和方法，并指出了研究的创新及不足之处。

第2章，文献综述。本部分首先按照税收征管、税收征管数字化升级与企业投资、融资、经营及信息披露的脉络对相关文献进行了梳理；其次对税收征管数字化升级实现路径的文献进行了归纳；最后在总结相关文献观点的同时，做出了总体评价，为后文的研究奠定了基础。

第3章，理论概述。本部分首先概括了税收征管的概念、方式和作用；其次阐述了税收征管数字化升级的概念、特点和作用以及企业财务行为的内涵；而后阐明了本书的理论基础，包括委托代理理论、信息不对称理论、交易成本理论以及纳税服务理论；最后探究了税收征管数字化升级影响企业财务行为的机理。

第4章，税收征管数字化升级对企业融资行为影响的实证分析。本部分采用我国"金税三期"工程这一准自然实验来刻画税收征管数字化升级，构建双重差分模型实证检验了税收征管数字化升级对企业融资约束的影响及机制。在异质性分析中，研究了不同行业、竞争程度和市场化进程下，税收征管数字化升级对企业融资约束的异质性。在进一步测试中，探究了税收征管数字化升级对企业融资规模和成本的影响。

第5章，税收征管数字化升级对企业投资行为影响的实证分析。本部分采用我国"金税三期"工程这一准自然实验来刻画税收征管数字化升级，构建双重差分模型实证检验了税收征管数字化升级对企业投资效率的影响及机制。在异质性分析中，研究了不同企业性质、政治关联、公司治理水平、内部控制质量、媒体（分析师）关注程度、行业竞争程度和市场化进程下，税收征管数字化升级对企业投资效率的异质性。在进一步测试中，探究了税收征管数字化升级对企业投资规模和企业投资结构的影响。

第6章，税收征管数字化升级对企业经营行为影响的实证分析。本部分采用我国"金税三期"工程这一准自然实验来刻画税收征管数字化升级，构建双重差分模型实证检验了税收征管数字化升级对企业经营风险的影响及机制。在异质性分析中，研究了不同公司治理水平、内部控制质量、媒体（分析师）关注程度、行业竞争程度和市场化进程下，税收征管数字化升级对企业经营风险的异质性。在进一步测试中，探究了税收征管数字化升级对企业经营效率的影响。

第 7 章，税收征管数字化升级对企业信息披露影响的实证分析。本部分采用我国"金税三期"工程这一准自然实验来刻画税收征管数字化升级，构建双重差分模型实证检验了税收征管数字化升级对企业信息披露的影响及机制。在异质性分析中，研究了不同企业性质、公司治理水平、内部控制质量、媒体关注程度、行业竞争程度、地区信息化水平和市场化进程下，税收征管数字化升级对企业信息披露的异质性。在进一步测试中，探究了税收征管数字化升级对企业 ESG 信息披露的影响。

第 8 章，汇总本书研究结论并提出政策建议。本部分在汇总第 4 章至第 7 章研究结论的基础上，结合我国目前的经济环境与政策背景，从政府和企业两个方面提出了助力我国税收征管数字化升级的政策和建议。同时，为国家持续推进税收征管数字化升级以实现治理能力现代化提供了新的证据支持。

1.2.2　研究框架

本书选取 2008~2022 年我国 A 股非金融类上市公司为研究对象，采用我国"金税三期"工程这一准自然实验来刻画税收征管数字化升级，通过构建双重差分模型实证检验了税收征管数字化升级对企业融资、投资、经营及信息披露行为的影响、作用机制及异质性。本书的研究不仅丰富了税收征管数字化升级的经济效应和企业财务行为影响因素的研究，而且在一定程度上为我国财税政策改革提供了有益的启示。具体的研究框架如图 1-1 所示。

1.2.3　研究方法

本书主要采用了以下几种研究方法。

第一，文献研究法。采用该方法对现有的文献进行全面梳理，厘清国内外相关学者在税收征管与企业财务行为中所取得的成果，并进行归纳和总结。不仅有助于全面了解与本书研究相关领域内现有的优秀成果和最新研究动态，而且便于找出现有研究中的不足或盲点，指明进一步研究的方向。该方法为本书后续开展理论分析和实证检验提供了前提条件。

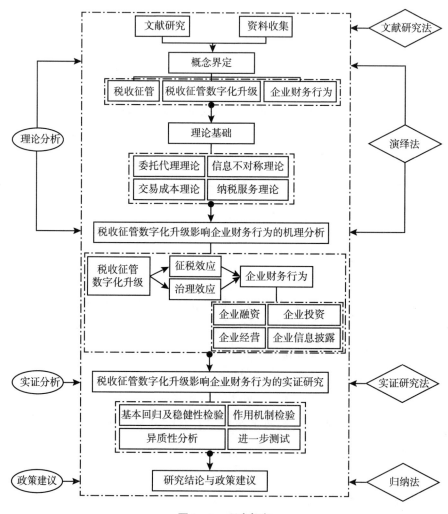

图 1-1　研究框架

　　第二，归纳演绎法。该方法是社会科学领域广泛使用的最基本的思维方法。具体而言，本书以税收征管数字化升级为切入点，系统分析其影响企业融资、投资、经营及信息披露行为的效应、作用路径及异质性。该方法为本书假设的提出、理论框架的建立和研究设计提供了技术指导。

第三，实证检验法。本书选取 2008～2022 年我国 A 股非金融类上市公司为研究样本，基于"金税三期"这一准自然实验，通过多时点双重差分模型，实证检验税收征管数字化升级影响我国企业融资、投资、经营及信息披露行为的效应、作用机制及异质性。在稳健性检验中还运用了平衡趋势假设检验、安慰剂检验、PSM – DID 等方法。

1.3　研究创新与不足

1.3.1　研究创新

本书通过构建多时点双重差分模型，基于"金税三期"改革这一准自然事件，研究税收征管数字化升级影响企业财务行为的内在机制及异质性，为税收征管数字化升级的实际政策效果提供了经验证据。这不仅在理论上丰富了税收征管数字化升级的经济后果的文献，为其政策效果评价提供了更为全面的认识和证据支持，而且为税务机关进一步规范税收执法、优化纳税服务提供了重要启示，具有较强的理论和现实意义。与国内外同类文献研究相比，本书可能的创新之处主要在于以下几点。

第一，在研究方法上，本书以不同地区分批上线的"金税三期"改革为准自然实验来刻画税收征管数字化升级，采用多时点双重差分的方法揭示其影响企业财务行为的内在机制及异质性，不仅使得研究的场景更加干净，较好地解决了内生性问题，而且更多地关注了应用税收信息化技术所营造的公平税收征管环境对微观企业财务行为的影响。由此得出的研究结论将更具说服力，揭示了税收征管数字化升级对经济主体健康发展的影响，在一定程度上有助于启示税务部门如何进一步深化税收征管体制改革、创新税收监管方式以及推进"金税四期"建设。

第二，在研究视角上，本书从税收征管数字化升级这一视角出发，考察其对企业财务行为的影响，不仅提供了税收征管数字化升级的经济后果和企业财务行为影响因素的增量文献，而且拓展了信息和税收征管的相关研究。综合应用大数据、人工智能、云计算、区块链、5G等新兴信息技术，并与税收征管实现深度融合是近年来的热门话题。本书系统考察了新兴信息技术在税收征管领域的应用对企业财务行为产生的影响，同时揭示其背后的作用机制，正是对新兴信息技术和税收征管相关研究的补充。

第三，在研究内容上，本书厘清了企业财务行为的具体内容，基于税收征管数字化升级的"征税效应"和"治理效应"角度，研究其对企业不同类型财务行为（包括企业投资、融资、经营及信息披露）的影响，为此类问题的研究提供一个更为全面的检验视角和逻辑思路。这将有助于更直接、更有效地引导企业客观地对待税收征管活动、全面评价税收征管影响，提升公司治理水平，提高投资效率和信息披露质量以及降低融资成本。

1.3.2　研究不足

受限于个人的研究能力和精力，本书尚存在一些不足或局限性，主要体现在以下两个方面。

第一，本书对企业财务行为内涵的界定仍不完整。学术界对于企业财务行为内涵的研究较少，且存在观点不一致的情形。本书结合已有学者的研究，仅从企业融资、投资、经营及信息披露四个层面来考察企业的财务行为，仍不够完整，存在一定的局限性。

第二，本书在度量方法的选择方面存在局限性。由于精力和能力的有限，本书对于企业融资约束、投资效率、经营风险以及信息披露质量的度量，没有穷尽所有度量方法，只选择了一些主流的衡量方式，在一定程度上影响了本书的全面性。

第 2 章　文 献 综 述

2.1　关于税收征管与企业财务行为的研究

孙雪娇等（2019）认为现有的税收征管方式主要包括两种：第一，强制性税收征管。在实践中，税务机关通过税务稽查、逃税处罚、公布税收违法"黑名单"以及与其他部门联合惩戒等方式规范纳税行为、提高税法遵从度。第二，柔性税收征管。它是在"互联网＋"背景下创新监管方式的重要举措，税务机关通过国家税务总局的纳税信用评级披露①方式，规范纳税信用管理、提高税法遵从度、促进税收信用体系的建设。目前，我国学术界对柔性税收征管采用的度量方法基本一致，即以国家税务总局的纳税信用评级披露作为随机事件来刻画；而对于强制性税收征管的度量方法，学者们尚未达成共识。结合本书的研究主题，下文将归纳梳理已有的关于税收征管与企业投资、融资、经营和信息披露四项财务行为的文献。

2.1.1　税收征管与企业投资

投资是企业实现价值和经济增长的根本源泉。针对强制性税收征管与

---

① 国家税务总局在 2014 年 7 月出台《纳税信用管理办法》，该办法根据企业当年的纳税情况对企业作出纳税信用评级，信用等级分为 A、B、C、D 四个等级，并向全社会披露 A 级纳税人名单。

企业投资这一主题，国内学者研究得较多。张玲和朱婷婷（2015）、孙刚（2017）和蔡蕾（2018）均选择实际税收负担与预期税收负担的比值衡量强制性税收征管的强度。但他们得出的结论却有所不同：张玲和朱婷婷（2015）、孙刚（2017）认为强制性税收征管的强度与企业投资效率两者正相关；而蔡蕾（2018）则认为强制性税收征管的强度对企业非效率投资治理效应存在两面性，一方面会抑制公司避税中的过度投资，另一方面会加剧企业的投资不足。

对于柔性税收征管而言，学者们基本支持其能显著提升企业投资效率，但揭示出的作用路径各有不同。有的学者认为主要通过降低委托代理成本和增强企业信用融资能力两条路径（靳毓等，2022）；有的学者指出主要依靠信息透明度的提高和第一类代理成本的降低两条路径（戴罗仙和蔡颖源，2022）；还有的学者发现了改善投资机会和获得更多机构投资者持股以提升企业投资效率的路径（李南海等，2023）。除了探究柔性税收征管与企业投资效率外，学者们又开始转向柔性税收征管与投资结构的研究，认为其通过缓解融资约束、降低盈余管理以及缩小相对收益差距的渠道，促使企业投资结构偏向实体投资（闫慧慧，2023）。

2.1.2　税收征管与企业融资

从狭义的角度来说，融资是企业资金筹集的行为与过程，是企业的一项重要财务决策。林永德（Lim，2011）以韩国上市公司作为研究样本，发现强制性税收征管的强度越高，使得公司留存收益越低、内源融资越受限、融资成本越高。于文超等（2018）、图雷和亚沃维（Toure and Yawovi，2023）分别以我国企业和非洲企业为研究对象，利用企业是否接受税务检查以及接受税务检查的次数刻画强制性税收征管的强度，指出加强税收征管在降低企业避税概率的同时，加重了企业的税费负担，加剧了企业的融资约束。当学者们聚焦在债务融资时，却得出了相反的结论。盖德哈米和皮特曼（Guedhami and Pittman，2008）基于美国国家税务局审计概率衡量强制性税收征管的强度，认为加强税收征管能减少企业和债权人之间的信息不对称，进而降低企业的债务融资成本。潘越等（2013）分别从实际税收负担比率与估计的负担比率之差和《中国税务稽查年鉴》中的查实率度量强制性税收征管的强度，指出在征管力度越强的地区，企业越容易获得债务融资，并且长期负债的比例更高，债务融资的成本也更低。

　　除了上述强制性税收征管对企业融资影响的研究外，学者们的研究表明纳税信用评级为 A 级的企业，其面临的融资约束显著降低（孙雪娇等，2019）、债务融资能力得以提升（刘京焕等，2022），能获得更多的商业信用（张勇，2021；王亚男等，2023）。

2.1.3　税收征管与企业经营

　　企业经营是企业为了实现总体目标而实施的与企业外部环境达到动态平衡的一系列有组织的活动。税收征管强度的差异会使相同或类似的企业所承担的实际税负不同，从而改变企业技术创新、资本配置等行为，进而影响企业的经营效率（李建军和王冰洁，2022）。部分学者认同强制性税收征管强度的强化能促进企业经营效率的提升。加强强制性税收征管可以弥补因纳税遵从度降低而引发的经营效率损失（童锦治等，2016）。刘忠和李殷（2019）以 2002 年我国实施的企业所得税分享改革为准自然实验，采用双重差分模型检验后指出强制性税收征管力度的下降使得企业避税增加，而避税增加又减少了企业的研发投入，最终导致企业全要素生产率的降低。部分学者支持强制性税收征管强度的强化会抑制企业经营效率的提高。强制性税收征管会加重企业的实际税负，减少企业在生产中的资源投入和留存收益，抑制企业生产效率的提高（于文超等，2015）。张明（2017）运用断点回归法检验揭示了由国税征收企业的全要素生产率平均比由地税征收企业的全要素生产率低 3% 左右。

　　基于柔性税收征管的视角，冀云阳和高跃（2020）研究发现企业纳税信用评级制度的实施显著提升了企业的全要素生产率，这一提升作用在非国有企业和融资约束更大的企业中更加明显。

2.1.4　税收征管与企业信息披露

信息披露是消除企业与投资者之间信息不对称以提高资本市场效率的重要手段（刘贯春等，2023）。学者们多采用双重差分模型，但选择的准自然事件各异。有的学者以国地税合并为准自然实验，实证研究发现国地税合并后通过提升企业实际所得税税率以降低其涉税违规次数，进而显著改善企业信息披露质量（Chen et al.，2023；刘贯春等，2023）；有的学者以各地方税务行政处罚裁量基准实施为准自然实验，揭示了各地方税务行政处罚裁量基准实施后改善了企业财务报告质量，且这种关系对避税程度较高和征纳合谋程度较高的企业更显著（汤晓建等，2023）。然而，李清和马泽汉（2023）则认为降低企业税负可以通过减少融资约束和代理成本显著提高企业会计信息质量。

2.2　税收征管数字化升级与企业财务行为的研究

如今数字化进程已深刻影响着经济社会的各个方面，为了提高税收征管的有效性，各国政府也纷纷加快了税收征管数字化升级的步伐（Nataliia et al.，2022；Florian et al.，2023）。而由于"金税三期"工程这一在我国各省份逐步试点的政策，所以我国学者多以其作为准自然实验刻画税收征管数字化升级。"金税三期"工程基于大数据信息平台，采用人工智能和云计算模式，整合税务、工商、社会保障、统计以及银行等方面信息，实现了信息的互联互通和税收征管的信息化，增加了税收征管强度，规范了企业纳税流程，减少了企业逃漏税概率（张克中等，2020）。结合本书的研究主题，下文将从税收征管数字化升级与企业投资、融资、经营和信息披露四个方面归纳梳理已有文献。

2.2.1　税收征管数字化升级与企业投资

刘铠豪（2021）实证发现"金税三期"工程提高了企业对外投资的可能性，增加了企业对外投资规模，且这一效应在不同对外投资事件类型、不同所有制类型、不同地区、不同行业之间存在显著差异。陆禾等（Lu et al.，2024）则细化到环保投资，指出"金税三期"工程通过提高企业实际税负来降低环保投资，且这种影响对于高融资约束的企业和非重污染行业的企业更明显。当学者聚焦于企业投资效率时，均支持"金税三期"工程促进了我国税收征管技术的提升，并通过提高企业会计信息透明度、降低企业内部代理成本以抑制企业的非效率投资（李世刚和黄一松，2022；Zheng et al.，2023；Guo et al.，2024）。

2.2.2　税收征管数字化升级与企业融资

蔡昌等（2021）选取 2010～2015 年我国税收调查数据为研究样本，揭示了"金税三期"工程实施后，不仅从总体上缓解了企业融资约束程度，而且提升了信用融资和贷款融资的规模。商业信用作为一种非正式的融资渠道，具有低成本、易获取以及限制条件少等优势。"金税三期"工程通过增加融资约束和提高信息透明度两个渠道促进企业获取商业信用融资，且两者的关系在民营企业、产品市场地位低、征管机构为地税机关以及处于市场化程度较低的地区时更显著（王丽等，2023）。

2.2.3　税收征管数字化升级与企业经营

李建军和王冰洁（2022）指出"金税三期"工程使得企业税负提高，并通过减少人力资本投入、弱化企业资本配置效率、抑制技术创新三条路径降低了企业的全要素生产率，该影响对属地税局管理的企业、高融资约束企业和创新型企业全要素生产率的减降作用更为明显。吴斌和舒竹语（2023）也认同"金税三期"工程会增加企业税收负担，减少留存利润和企业现金流，影响创新水平和融资渠道，进而抑制企业全要素生产率，且对不同性质、不同地区和不同行业的公司的作用存在异质性。但也有学者持有相反的观点，认为税收征管数字化升级促进了企业全要素生产率的提升。詹新宇等（2022）从征税效应和治理效应两个角度出发，证实了我国"金税三期"工程的实施使得税收征管的治理效应强于征税效应，进而提升了企业全要素生产率。此外，税收征管作为企业采购、生产和销售流程中的重要环节，其在数字化升级后有助于打破信息孤岛，促进数据的使用，从而提高企业全要素生产率（Chen and He，2024）。

2.2.4 税收征管数字化升级与企业信息披露

多数学者认同税收征管数字化升级可以抑制企业违规行为的发生。税收征管数字化升级既能通过改善信息环境和优化公司治理显著抑制上市公司信息披露违规的发生和次数（牛彪等，2023），又能通过降低企业代理成本和提高企业信息透明度，进而抑制企业误导性陈述（虚假记载）、信息披露不实等违规行为（纪亚方等，2023）。除了通过治理机制降低企业代理成本和抑制企业关联交易，税收征管数字化升级还通过信息机制简化财务报告复杂度、提高会计信息可比性，以提升信息披露质量（王涛和王建新，2023）。"金税三期"工程使得企业操控性应计利润的绝对值降低、财务报告质量提高；且在治理环境较弱、信息透明度较低、融资需求较高的企业表现得更显著（王雪平，2020）。

2.3 关于税收征管数字化升级实现路径的研究

学者们采用规范研究法进行定性分析，阐述了税收征管数字化升级面临的挑战及建议等。阿尔法等（Arfah et al.，2022）分析了印度尼西亚运用人工智能赋能税收管理现代化的准备情况、成本与收益、促进与抑制因素等，并认为目前实施的最大障碍在于缺少人工智能的具体法规以及管理数据基础设施的人才。陈柳红（Chen，2022）提出在数字经济背景下，要实现税收征管的数字化升级，应进一步转变税收管理理念、重构征税范围、科学设计税率、简化税收征管程序，使用更全面、更多的算法等。乌林格塔·奥巴迪亚·莱布森·姆班巴（Ulingeta Obadia Lebson Mbamba，2023）探究了区块链技术给税收征管领域带来的挑战，并提出加强税务管理人员和纳税人的区块链技术培训、制定适当的监管框架、开发其他技术工具以及加强合作伙伴之间的协作等建议。韩国走出了一条以征管系统平台建设为依托、以优化纳税服务和强化涉税数据获取提升税收透明度为核心、以信息安全保护为兜底的税收征管数字化之路（李慧敏和燕晓春，2023）。

结合数字经济的背景以及我国的税收征管实际，我国学者也纷纷提出了一些完善我国税收征管制度体系的总体构想或建议。任国哲（2019）阐明了在以先进管理理念为指导和以税收信息化建设为保障的基础上，构建以《税收征管法》为统领，以税收风险管理和纳税信用制度体系建设为两翼的税收征管制度体系。赵涛（2020）在梳理数字经济背景下税收征管国际发展趋势的基础上，指出应从完善适应数字化的税收征管法制建设、持续改进税收征管的顶层设计、加强互联网平台治理三个方面推进税收征管的数字化升级。四川省国际税收研究会课题组（2020）提出了从思维、制度设计、征管模式、技术手段和组织体系等方面优化税收征管的建议。刘和祥（2022）揭示了"以数治税"税收征管模式的实现路径应依托于税收现代化新"六大体系"，即党的领导制度体系、税收法治体系、税费服务体系、税费征管体系、国际税收体系、队伍组织体系。姚世斌等（Yao et al.，2023）以我国智慧税务建设为背景，探索了优化制度设计、运用数字技术强税、转变税收管理服务方式、完善人才培养机制等实现税收治理现代化的发展路径。

2.4 文献述评

通过对上述文献的梳理和总结，不难发现，一方面缘于学者们对税收征管采用的度量方法有别、选择的样本及模型的差异，对同一主题得出了不同的结论；另一方面学者们在探讨税收征管这一主题时，既揭示其中的作用路径，又探究其中可能存在的调节变量，研究成果颇为丰富，但本书认为仍存在以下三点亟待研究和解决的问题。

第一，学术界对强制性税收征管强度的度量方法各异，尚未达成共识。有的学者采用各地区实际税收收入占估算的税收收入的比率、税收努力程度、税务稽核强度、是否接受税务检查以及接受税务检查的次数等指标衡量税收征管的强度，上述方法难以解决反向因果和遗漏变量等内生性问题，因此有时针对同一研究主题却得出了截然不同的结论。有的学者采用我国财政"省直管县"改革作为外生事件来研究税收征管对企业财务行为的影响，如李广众和贾凡胜（2019），但财政"省直管县"改革影响税收执法的路径较为间接。有的采用我国2002年"所得税分享改革"为自然实验，如范子英和田彬彬（2013）、李青原和蒋倩倩（2020），但是税收征管的内容不仅包括所得税，还包括增值税、消费税、关税、印花税等其他税种。因此，找到更加直接、更加全面地识别强制性税收征管强度的外生事件，是对其效果进行定量化分析的关键所在，这成为未来值得探究的方向之一。

第二，已有厘清企业财务行为的具体内容，并基于统一的分析框架研究税收征管数字化升级对企业不同类型财务行为影响的实证论文鲜少。现有文献仅探究了税收征管数字化升级对企业投资、融资、经营与信息披露单一财务行为的影响，而未置于统一的分析框架进行理论演绎和实证检验。因此，在未来准确地细分企业财务行为的具体内容，基于"税收征管数字化升级–征税效应/治理效应–企业财务行为"框架，经验分析税收征管数字化升级对企业投资、融资、经营及信息披露财务行为的影响，不仅为全方位考察税收征管数字化升级的征税效应和治理效应提供了新的经验证据，而且为此类问题的研究提供一个更为全面的检验视角和逻辑思路。

第三，将税收征管数字化升级与企业 ESG 信息披露纳入一个研究框架的文献鲜有。ESG 包含环境（environmental）、社会（social）和治理（governance）三个方面，能有效地平衡经济、环境和社会发展的需求，与我国提出的高质量发展，实现"双碳"目标等高度契合。同时，在数字经济时代背景下，深化税收征管改革，就是要充分利用税收大数据和外部门数据，结合云计算、区块链、流式计算和地理信息系统等技术的应用，实现执法、服务、监管三方面的智能化突破。2013 年，作为由试点阶段开始逐步推行的"金税三期"工程，拉开了我国税收征管数字化升级的序幕，并于 2016 年实现了全国范围内的覆盖。2020 年 11 月，国家税务总局在网站上发布采购"金税四期决策指挥端之指挥台及配套功能建设项目"意向书，标志着"金税四期"工程开始正式启动，充分表明了国家税务总局期望运用大数据、人工智能、云计算、区块链、5G 等新一代信息技术，实现税收征管数字化升级的决心。因此，税收征管数字化升级带来的征税效应和治理效应，能否助力公司治理水平的提高、环境和社会责任的履行以及 ESG 信息披露质量的提升，也是未来值得探究的一个问题。

第 3 章　理 论 概 述

3.1　税收征管的概念、方式及作用

3.1.1　税收征管的概念

税收征管是国家征税机关依据国家税收法律、行政法规的规定，按照统一的标准，通过一定的程序，对纳税人应纳税额组织入库的一种行政活动，是国家将税收政策贯彻实施到每个纳税人，有效地组织税收收入及时、足额入库的一系列活动的总称（中国注册会计师协会，2023）。税收征管活动包括对税收工作实施管理、征收、检查等，是税务机关有效贯彻落实税法规定、科学开展征收管理活动，适应外部环境和客观规律的反映（李渊和李铁宁，2017）。作为整个税收管理活动的中心环节，税收征管不但是实现税收目标、将税收潜力转化为现实收入的主要路径，也是实施国家产业政策、指导和监督纳税人正确履行纳税义务、发挥税收作用的重要方法（谢波峰和谢思董，2022）。

3.1.2　税收征管的方式

对于税收征管方式的界定，有着不同的描述。《中华人民共和国税收征收管理法》及其实施细则中规定，我国税款征收方式主要有查账征收、

查定征收、查验征收、定期定额征收、委托代征和邮寄纳税六种。孙雪娇等（2019）认为现有的税收征管方式主要包括强制性税收征管和柔性税收征管两种。大数据、人工智能、云计算、区块链、5G 等现代信息技术的不断发展与应用，在为税收征管业务实现技术创新提供机遇的同时，也对税收征管方式、手段和技术提出了更高要求，即实现由人工管理向数字化管理的转变（王曙光等，2021）。在 2021 年 9 月的金砖国家税务局长会议上，我国国家税务总局局长王军作了主旨发言，指出数字化不仅驱动了我国税收征管方式的持续变革，由过去的税务人挨家挨户上门"收税"，升级为现在的纳税人足不出户网上"报税"，未来将在智慧税务引领下进一步实现自动"算税"；而且驱动了我国税收征管效能的不断提升，从"经验管税"和"以票管税"向"以数治税"迈进。[①] 王军提到的数字化驱动税收征管方式的变革，即是税收征管数字化升级。

3.1.3　税收征管的作用

第一，国家治理作用。李渊和李铁宁（2017）指出税收征管是实现国家治理的重要手段。首先，国家通过高效的税收征管对企业创造的收益进行了强制性分享，这有效地保障了国家的财政收入，为国家治理能力水平的提升奠定了物质基础。其次，通过税收征管获得了税收收入的增减变动及税源变化等相关信息，有助于国家及时掌握宏观经济的发展变化趋势，为国家宏观经济政策的制定提供了科学的依据。再次，通过税收征管可以实时了解企业的经营状况、掌握微观经济的运行情况，对发现的问题采取适当的措施予以调整和纠正，进而促进经济社会的持续健康发展。最后，税收征管有效地促进了信息在企业和投资者之间的传递，提高了资本市场的信息效率，有助于资本市场的健康和稳定（蔡栋梁等，2020）。

第二，公司治理作用。狭义的公司治理是指股东对管理者的一种监督

---

① 《深化金砖税收合作　共拓金色发展之路》，国家税务总局网站，2021 年 9 月 16 日，http：//www. chinatax. gov. cn/chinatax/n810219/n810724/c5169066/content. html。

与制衡机制，即通过一种制度安排，来合理地配置所有者与管理者之间的权利与责任。通过税收征管，税务机关可以对企业的财务账目进行检查，这可视为对企业运营监控的一项重要外部约束机制。这一外部约束机制发挥着公司治理的作用，可以减少股东与管理者之间的委托代理问题（曾亚敏和张俊生，2009）、缓解控股股东和债权人之间的代理冲突（Guedhami and Pittman，2008），减少大股东对小股东的潜在侵占行为（曾亚敏和张俊生，2009；Guedhami and Pittman，2008；Desai et al.，2007），有效保护投资者的利益（刘春和孙亮，2015）。

3.2 税收征管数字化升级的概念、特点及作用

3.2.1 政策背景

"金税三期"工程是我国在税收征管数字化时代的重要标志和有效依托，强化了税收大数据对我国经济运行的重要性（刘同洲和李万甫，2022）。因此，在阐述税收征管数字化升级的概念前，有必要回顾我国金税工程的历史沿革。

金税工程是国务院批准的国家电子政务"十二金"重点工程之一。国家税务总局于1994年开始启动"金税一期"工程，其核心任务是引入现代化的信息手段强化增值税的征收管理，开发并推广增值税交叉稽核系统。稽核系统在全国部分地区的50个城市进行试运行。一方面，由于人工录入增值税专用发票的数据时存在大量的信息错误，使得增值税交叉稽核的效果不佳；另一方面，由于只在部分城市建立了稽核网络，使得其他地区的增值税专用发票无法进行交叉稽核。以上两方面直接导致"金税一期"的运行结果与预期目标相距甚远，因此在1996年时停止运行了"金税一期"工程。

而后国家税务总局在2001年推广"金税二期"工程，以修补"金税

一期"工程在增值税征管中的漏洞。该工程覆盖增值税防伪税控系统、稽核系统和协查系统，从源头上强化监控，在一定程度上保障了增值税税源、打击了增值税的偷逃税行为。但由于"金税二期"工程未充分覆盖完税凭证、运输费用专用发票、农产品销售发票以及农产品收购发票，因而仍存在较大的稽查漏洞（Liu and Zhao，2017）。不难发现，"金税一期"和"金税二期"工程主要针对增值税的征收管理，并未实现全税种的覆盖。随着大数据、人工智能、云计算、区块链、5G 等新兴信息技术的发展，加之涉税信息日益扩张、征管对象日趋复杂、税收征管难度日渐加大，"金税一期""金税二期"工程无法适应税收征管现代化的要求。

拉开我国税收征管数字化时代序幕的是 2013 年由试点阶段开始逐步推行的"金税三期"工程。该工程主要包括"一个平台、两级处理、三个覆盖、四类系统"，目的是建设现代化的税收稽查体系和纳税服务体系。相较于"金税一期"和"金税二期"而言，"金税三期"工程大量运用大数据、人工智能、云计算、区块链、5G 等新兴信息技术手段，实现了涉税信息监管能力质的飞跃，具体体现在以下几个方面：第一，它构建了统一的技术基础平台，涉税信息在各税务部门、各涉税环节可以顺畅地流转，实现了涉税数据的交叉审核和流程监控。第二，它实现了涉税信息在总局和省局的集中处理。一方面，为税收征管提供了大数据的支撑，便于税务机关跨地域、跨行业跟踪、记录纳税企业的采购、生产和销售信息，立体化呈现纳税企业的涉税行为（张克中等，2020）；另一方面，能有效防止腐败、合谋等行为对基层征税的干扰。第三，它覆盖了所有税种、主要征税环节、各级国地税机关，并逐步实现税务机关与工商、社会保障、统计以及银行等部门之间信息的交换和共享。这有利于税务机关更为全面、及时地掌握纳税企业的涉税信息。第四，它开发了一套决策支持系统，可以对纳税企业的关键性财务指标以及逻辑关系进行详细比对，及时锁定可疑企业并发现其可能的税收风险。自 2016 年"金税三期"全面上线以来，电子税务局、增值税发票新系统、大数据云平台等建设不断推进，逐步实现税务系统内部数据"大集中"，为大数据技术优化中国税收征管打下了坚实基础。

2020年11月，国家税务总局正式启动"金税四期"工程，更是表明了国家税务总局期望运用大数据、人工智能、云计算、区块链、5G等新一代信息技术，实现智慧税务和智慧监管的决心。2021年11月16日，国家税务总局局长王军出席第50届亚洲—大洋洲税收管理与研究组织年会，他提出了建设"金税四期"的设想，开启了依托"金税四期"推进税收征管数字化之路，围绕构建智慧税务这一目标，着力推进"两化、三端、四融合"。"两化"是指构建智慧税务，有赖于推进数字化升级和智能化改造。中国税务部门将以正在推进的数字化电子发票改革为突破口，推动各类业务标准化、数据化，并基于大数据、人工智能、云计算、区块链、5G等新一代信息技术，对实现数字化升级后的税费征管信息自动灵活组合，通过其反映现状、揭示问题、预测未来，更好地服务纳税企业、防范化解征管风险、服务国家治理。"三端"是指智慧税务建成后，将形成以纳税人端、税务人端和决策人端为主体的智能应用平台体系。在纳税人端，通过打造"一户式"和"一人式"税务数字账户，实现每一户法人和每一个自然人税费信息的智能归集和智敏监控。在税务人端，通过打造"一局式"和"一员式"应用平台，实现总局、省局、市局、县局、分局五级税务机关和60多万税务工作人员信息可分别按每一个单位和每一名员工进行智能归集和智效管理。在决策人端，通过打造"一揽式"应用平台，为管理指挥提供一览可知的信息，促进提升智慧决策的能力和水平。"四融合"是指智慧税务建成后，将实现从"算量、算法、算力"到"技术功能、制度效能、组织机能"，从"税务、财务、业务"到"治税、治队、治理"的一体化深度融合，从而促进税收大数据应用、税收征管效能、税务部门服务纳税人缴费人和服务国家治理现代化的能力和水平得到大幅提升和跨越升级。

不难看出，国家税务总局从1994年开始启动"金税一期"工程、2001年推广"金税二期"工程、2016年全面覆盖"金税三期"工程至2020年11月发布采购"金税四期决策指挥端之指挥台及配套功能建设项目"意向书，历经四期、二十余年，充分体现了国家期望运用大数据、人工智能、云计算、区块链、5G等新一代信息技术来完善税收征管，实现税收治理现代化的决心。

2021 年 3 月，中共中央办公厅、国务院办公厅印发《关于进一步深化税收征管改革的意见》，提出基本建成以"双随机、一公开"监管和"互联网＋监管"为基本手段、以重点监管为补充、以"信用＋风险"监管为基础的税务监管新体系，实现从"以票管税"向"以数治税"分类精准监管的转变。可见，"信用＋风险"动态监管体系能够运用税收大数据对纳税人实时精准画像（樊勇，2021），是税收征管数字化升级的重要组成部分。下面将回顾"信用＋风险"动态监管体系的创建历程。

2014 年 7 月，国家税务总局出台实施《纳税信用管理办法（试行）》《纳税信用评价指标和评价方式（试行）》，建立了纳税信用管理的基础性制度。制度根据纳税企业信用历史信息、税务内部信息和外部信息等内容对纳税企业做出纳税信用评级，信用等级分为 A、B、C、D 四个等级①（A 级纳税企业纳税信用最高），并向全社会披露 A 级纳税企业名单。

2015 年，国家税务总局和中国银行业监督管理委员会出台《关于开展"银税互动"助力小微企业发展活动的通知》，开展"银税互动"为纳税守信企业提供必要的贷款支持，助推小微企业发展。这一举措使纳税信用成为小微企业的信用资产，提升了纳税信用的含金量，守信激励对诚信纳税的促进作用也日益显现。

2016 年 7 月，国家税务总局与国家发改委等 29 个单位签署《关于对纳税信用 A 级纳税人实施联合激励措施的合作备忘录》（以下简称《合作备忘录》），对 A 级纳税人在项目管理、税收服务、融资授信、进出口等 18 个领域实施 41 项守信联合激励措施，实现了多部门整体推进、协同联动的同声"大合唱"。《合作备忘录》将纳税信用 A 级纳税人可享受的激励措施从税收服务拓展至投资、金融、贸易、环保等多个领域，显著提升了 A 级纳税信用的含金量和纳税信用的社会价值。

由此可见，税务机关积极探索实践"信用＋风险"动态监管体系，推动征管服务方式更加科学，管理手段更加精准，推动了从"以票管税"向

---

① 2018 年，国家税务总局发布的《关于纳税信用评价有关事项的公告》中提出，新增 M 级。

"以数治税"分类精准监管的转变。

3.2.2 税收征管数字化升级的概念及特点

要界定何为税收征管数字化升级，首先必须明晰税收大数据的概念。它是将手工录入等传统渠道采集的数据、通过互联网、物联网等新兴感知技术采集的数据，以及第三方共享的信息进行有机整合，并在此基础上进行分析、识别、加工和利用（中国税务学会，2018）。深化税收大数据共享应用已成为税收征管数字化升级的一项重要任务。2021 年 3 月，中共中央办公厅、国务院办公厅印发的《关于进一步深化税收征管改革的意见》明确提出，2025 年建成税务部门与相关部门常态化、制度化数据共享协调机制，依法保障涉税涉费必要信息获取；健全涉税涉费信息对外提供机制，打造规模大、类型多、价值高、颗粒度细的税收大数据，高效发挥数据要素驱动作用。税收大数据的有效应用是推动税收征管数字化升级的一个重要抓手。

税收征管数字化升级是在数字经济背景下依托数字技术对涉税数据进行收集、管理、分析并强化结果运用，从而改变传统的税收征管模式，实现降低税收征管成本、控制税收征纳风险、提高纳税人税收遵从度的目的（李慧敏和燕晓春，2023）。它至少涵盖两方面的内容：第一，在技术层面，通过数字技术实现涉税信息的快速高效处理，完成数据的智能归集和自动分析；第二，在应用层面，基于技术层面引发税收执法、纳税服务和税收监管等方面的系统性变革（王丽娜，2022）。

与传统税收征管相比，税收征管数字化升级后，具有以下特点。

第一，征管方式由"人管人"转变为"程序管人"。将所有业务流程、人员岗位都纳入"金税三期"系统，改变了以往基层税务官人工核查纳税信息的方式。"金税三期"系统采取"流水线"和"链条式"管理，全流程考核和监督执法过程，大大提高了征纳双方的信息透明度。既规范了税收执法、实现了依法行政，又降低了企业的制度性交易成本、优化了营商环境。

第二，监管方式由"结果监督"转变为"过程监控"。在"金税三期"、增值税发票电子底账、增值税发票税控 2.0 等系统支撑的基础上，税务部门能够瞬时动态监控企业财务、发票、银行资金交易、货物运输、税收征管等多类别涉税数据，以全面、准确反映纳税人生产经营状况和纳税情况，并通过分析对企业可能存在的涉税风险进行精准指导和预测。如对企业各发票交易轨迹进行全面跟踪，通过对发票信息的收集、存储与对比，明确掌握款项的去处，及时判断出纳税人申报应纳税额与税源经济关系的真实性。

第三，治理主体由"单兵作战"转变为"协同共治"。"金税三期"工程下税务部门将以往分割孤立的数据拓展为囊括税务端数据、第三方数据、互联网数据、企业端数据"四位一体"的大数据源。这不仅使得不同部门之间能实现信息共享和数据交换，而且还能不断推进跨部门协同监管、执法联动和联合惩戒，由税务部门的"单兵作战"转变为跨部门的"协同共治"。

第四，数据分析方法由"经验分析"转变为"大数据分析"。数据分析方法不再局限于传统简单的统计分析、票表比对等，而是向高质量建模、智能化应用转变。通过模型计算得出不同行业、不同地区各税种的预警税负率，并结合企业纳税与经营等相关数据，纵向对比同企业不同年度、横向对比同行业或同地区、联合对比供应链上下游企业，进而分析企业涉税数据是否存在偏差和错误。

3.2.3　税收征管数字化升级的作用

税收征管数字化升级后，在完善税收治理体系、提升税收治理能力、加速推进税收治理现代化方面发挥了重要的作用，有效地推动了我国税收事业的科学发展、跨越发展和长远发展。

第一，打造了统一的平台。"金税三期"工程引入国际先进信息化战略规划方法论，借鉴国内外电子政务领域信息化建设经验，结合信息技术发展现状和趋势，按照流程再造理论，建成"一个平台、两级处理、三个覆盖、四类系统"的信息化管理体系，实现了国税地税征管应用系统版本、全国征管数据标准和口径、外部信息交换和纳税服务系统等方面的统一。在上述统一平台的基础上应用统一的规则，实现了税收工作的集约、高效管理。

第二，优化了纳税服务。"金税三期"工程依托功能强大的信息系统，既为税务机关优化纳税服务提供了新支撑，也为纳税人自主办税提供了新选择。通过业务变革、制度创新和先进信息技术的应用，构建以征收管理、决策支持为核心的全国税务系统部门云和以纳税服务、电子发票为核心的全国税收服务公众云，有效地降低了税收成本、优化了纳税服务。建立了涵盖纳税服务网站、办税服务厅、12366纳税服务热线、自助终端、短信系统等的一体化纳税服务平台，实现涉税事项"一站式"办理，为纳税人办税提供更多选择，足不出户即可轻松办税，进一步增强纳税人的获得感。

第三，强化了税收管理。"金税三期"工程树立以提高征管质效与促进纳税遵从为目标的风险管理理念，将有限的征管资源优先配置到高风险领域，充分发挥税收风险管理导向作用，用好税收数据的"金山银库"，提高征管质量，促进纳税遵从。"金税三期"工程强化了税收基础管理，使征管监控质量进一步提升、征管活动进一步统一规范，实现了工作过程的痕迹化管理、纳税人全面建档管理，筑牢了税收征管基础。

第四，规范了税收执法。"金税三期"系统实现了征管规范、纳税服务规范与相关业务流程的融合，税务人员办理业务和执法有依据，减少了人工的随意性，规范和压缩了税务自由裁量权，促进了"依法治税"。"金税三期"工程上线提高了执法透明度，保证执法公开、公平、公正，有效避免了办案过程中人为因素的干扰，保障选案有据、查案准确，促进了社会监督。

第五，深化了数据应用。依托全国征管数据大集中和国税、地税统一的征管操作平台，实施税收遵从风险管理，可以及时发现纳税人风险，并依法进行相应处理，提升执法水平，提高工作效率。通过建立外部信息交换系统，及时、全面、准确获取涉税信息，创造综合治税、协税护税的良好环境。通过经济税收分析、政策评估等系统，发挥大数据优势，为落实税收政策、推进税制改革提供有力支撑，为向政府建言献策提供精准依据，提升税务部门助力供给侧结构性改革和参与国家治理的能力。

3.3 企业财务行为的内涵

学术界对于企业财务行为内涵的研究较少，且存在观点不一致的情形。张先治和于悦（2013）认为企业财务行为主要包含企业会计政策选择行为和企业财务管理决策行为，会计政策选择行为包括强制性会计变更和自发性会计变更，企业财务管理决策行为包括投资、融资、经营、分配行为。赵慧（2018）指出融资和投资是以资源配置为核心的公司两大财务行为，融资行为是指与资金筹集相关的决策行为，投资行为是指如何将筹集到的资金对外投出的决策行为。吕怀立和徐媛媛（2019）发表的《腐败与公司财务行为研究述评和展望》一文中，则主张企业财务行为包含投资、融资、并购、创新、现金流及会计信息质量等。荆新等（2020）在其编写的《财务管理学》教材中指出企业的财务活动是以现金收支为主的企业资金收支活动的总称，完整的企业财务活动包括企业筹资、投资、经营和分配四个方面。结合上述学者的观点，又限于时间和精力，本书将从企业投资、融资、经营及信息披露四个层面来考察企业的财务行为。

3.4 理论基础

3.4.1 委托代理理论

委托代理理论由美国经济学家詹森（Jensen）和梅克林（Meckling）于 20 世纪 70 年代提出，被广泛运用于解释公司治理层面的相关问题。由于委托人与代理人的目标函数不一样，委托人的目标是追求自身财富的最大化，而代理人的目标是追求自身工资津贴收入、奢侈消费和闲暇时间的最大化，这必然导致两者的利益冲突。较委托人而言，代理人参与企业日常经营活动较多，所掌握的相关企业运营信息更丰富，在没有有效的制度安排下代理人的行为很可能最终损害委托人的利益。委托人通过制定有效的治理制度促使代理人与委托人两者利益趋同，这成为解决委托代理问题的关键。委托代理问题包括三类，第一类委托代理问题产生于企业管理层与股东之间，企业管理层的决策可能只反映了他们个人的利益，而不是股东的利益。企业管理层往往只拥有企业的经营权而非所有权，在任期内承担着企业经营过程中全部的成本，但却只能享受薪酬部分的收益。第二类委托代理问题产生于企业大股东与中小股东之间，大股东可能会出于自利动机进行决策，损害中小股东的利益。企业大股东通过资产转移、证券回购等隐蔽的内部交易方式转移企业资产，侵害中小股东利益。第三类委托代理问题产生于股东与债权人之间，即使项目投资失败，股东也拥有企业的大量股权，而债权人却要承担风险。即使面对较高的债务风险，只要项目是有利可图，股东仍会采取债权融资的方式获得资金，但债权人并不愿意为了固定利息收益而承担企业的经营风险。

税务机关通过税收征管实现对企业财务账目的检查，可视为对企业运营监控的一项重要外部约束机制。这一外部约束机制发挥的公司治理作用已被多数学者所证实（Desai et al.，2007；Guedhami and Pittman，2008；曾亚敏和张俊生，2009）。尤其是在目前数字经济时代背景下，大数据、人工智能、云计算、区块链、5G等新一代信息技术与税务监管体系进行了深度融合，极大地提高了税务机关的征管能力，进一步强化了税收征管的公司治理作用（孙雪娇等，2021）。"金税三期"工程和"信用+风险"动态监管体系等税收征管数字化升级的举措，能够充分发挥公司治理作用，从而缓解了企业管理层与股东、大股东与中小股东、股东与债权人之间的代理冲突问题。

3.4.2　信息不对称理论

信息不对称理论由美国经济学家斯蒂格利茨（Stigliz）、阿克尔洛夫

（Akerlof）和斯宾塞（Spence）于 20 世纪 70 年代提出，为市场经济提供了一个新的视角。它是指在市场经济活动中，由于市场各交易主体对交易信息掌握的程度存在差异，导致信息掌握较为充分的一方处于交易优势地位，而信息掌握较为匮乏的一方处于交易劣势地位。该理论认为：市场中卖方比买方更了解有关商品的各种信息，其通过选择性地将商品部分信息传递给买方而获利，而买方也会努力通过更多途径获取更多有用信息以增加与卖方交易博弈的空间。该理论指出了信息对市场经济的重要影响，揭示了市场体系中的缺陷，强调了政府在经济运行中的重要性。

"金税三期"工程实施以前，税务机关主要依赖发票管理和税务检查来验证企业纳税申报信息，获取税源信息渠道单一，涉税信息不互通。加之政府各职能部门之间、政府与企业之间以及政府与社会公众之间存在信息不对称的问题，导致信息在传递过程中发生扭曲、失真（赵云辉等，2019）。"金税三期"工程实施后，首先以税务数据大集中为核心，覆盖全国所有省（自治区、直辖市）国税、地税数据，使得税务机关可以更加全面掌握纳税企业计税依据的相关信息；其次加强了与银行、工商、社保等第三方数据的全面对接和共享，拓宽了企业涉税信息的来源，使得各个行业、各个生产环节的涉税行为能立体化呈现（李增福等，2021），为后续数据的交叉审核和流程监控奠定了基础；最后将纳税企业的关键性指标与企业纵向、企业所在行业横向进行数据信息和逻辑关系比对，及时锁定企业可能的风险点和异常行为，强化了风险管理。不难看出，"金税三期"工程依托了大数据、人工智能、云计算、区块链、5G 等新兴的信息技术，将反映企业生产经营的大部分环节的信息汇集起来，缓解了政府各职能部门之间、政府与企业之间以及政府与社会公众之间的信息不对称的现象。以"信用＋风险"监管为基础的税务监管新体系，通过应用一系列规则指标和算法模型，对纳税人开办、领票、申报、缴税、优惠、退税以及注销全生命周期的信用，以及各环节待办业务的风险进行动态监控，实现了运用税收大数据对纳税人的实时精准画像，有效压缩了税务机关与纳税人之间的信息不对称空间（樊勇，2021）。

3.4.3 交易成本理论

对于交易成本的认识，最初是在一个非常宏观和模糊的层面上进行探讨，而后经过众多经济学家的努力，逐步转向了微观和具体的研究。科斯在《论生产的制度结构》一书中最早关注到交易成本，他认为交易成本的内容包括了一项交易活动所涉及的各个交易环节所要支付的费用。肯尼斯（Kenneth，1969）对交易成本进行了明确的界定，他指出市场制度的构建、运行和监督等层面的成本均属于交易成本，制度是动态演化的，制度革新成本属于交易成本的范畴。制度是由人类设计并建立的，用来约束行为的一种规则（North，1990）。在新制度经济学中，交易成本是评价和选择制度或政策的一个重要标尺。一项好的制度或政策，能够有效地降低交易成本，推动经济发展。将交易成本这一概念融入制度演化的研究当中，成为新制度经济学不可忽视的主题和重要研究领域。

国税地税征管体制改革后，随着税收征管数字化升级的持续推进，办税的方式也变得多元化。微信公众号、手机客户端、网页版和电脑客户端等多种渠道都能办理。同时，网上税务局提供预约办税、邮寄办税、网上学堂等15类延伸服务，满足纳税人多元化办税需求。企业"足不出户"通过自助网上申请，系统就会自动 7×24 小时处理，邮政便会送票上门，真正实现了纳税人"多跑网路，少跑马路"。此外，税务机关建立了涵盖申报、缴纳、优惠、发票、账簿等93项指标的纳税人信用评价。各省市税务局联合金融机构推出了纳税信用的增值应用——"银税互动"项目，依企业自愿，由金融机构为守信企业提供免抵押、审批快、纯信用的金融贷款。这既解决了纳税人办税的堵点、痛点、难点，又解决了中小企业长期面临的融资难、融资贵、申请贷款成功率低等问题，进而促进了纳税服务、税收征管、税收执法以及协作发展的优化，降低了社会运作成本、释放了改革红利、激发了改革活力。

3.4.4　纳税服务理论

纳税服务是税务机关在税收征收管理过程中，向纳税人提供旨在方便纳税人履行纳税义务和享受纳税权利的服务活动总称（张秀莲，2009）。现代意义上的纳税服务理念始于 20 世纪 50 年代美国联邦税务总局实行的第一个纳税人援助计划，该计划确立了美国联邦税务总局有责任通过各种途径、采取各种方式为纳税人服务的理念。这一理念充分体现了对纳税人的尊重，也符合现代服务行政管理的要求。20 世纪 70 年代，在注重税收成本和保护纳税人权益的双重背景下，越来越多的国家意识到纳税服务的重要性，纷纷建立起了专门的纳税服务机构和网站，公开发表了"纳税人权力宣言"和"纳税人宪章"，制定了一系列为纳税人提供服务的措施（姚巧燕，2012）。随后，纳税服务逐渐成为现代市场经济国家税务行政的主要内容，并得到了不断深化和扩张，逐步建立起了一个比较成熟、完善、合法的纳税服务运行体系（章程等，2018）。我国于 1990 年在全国税收征管工作会议上首次提出"纳税服务"一词，指出税务干部不仅要严格依法征、管、查，更要热心为纳税人服务，搞好支、帮、促。而后国家税务总局发布的《关于加强纳税服务工作的通知》和《纳税服务工作规范（试行）》均着眼于纳税服务的依据、特征、目的与意义进行了界定。随着我国数字经济的发展和大数据、人工智能、云计算、区块链、5G 等新兴信息技术的引入，税务机关的纳税服务方式与理念也与时俱进、推陈出新。

传统的税收征管模式下，各数据库间缺乏有效的共享机制，税收数据不能自发地进行传递，形成了"数据孤岛"。这在很大程度上降低了各地税务部门为跨区域迁移企业提供纳税服务的质效，容易形成纳税服务盲区（王梦婷等，2018）。"金税三期"工程实现了全国大数据的数据采集，开发了全国统一的纳税服务系统，增强了数据的连通性。2021 年 3 月，中共中央办公厅、国务院办公厅印发的《关于进一步深化税收征管改革的意见》中指出，要大力推行优质高效智能税费服务。张巍等（2022）认为优质高效智能的纳税服务体系建设要以高效使用税收大数据为重要手段，精准对接纳税人的个性化服务需求。税务机关发挥税收大数据作用，应用"纳税人缴费人标签体系"，筛选并生成享受税收优惠政策企业清册名单，建立"一户一档"数据库，在分行业分类别开展政策推送的基础上，通过精准比对企业申报的数据信息，实施精准服务，确保企业应享尽享、应享快享税收优惠。税务部门运用税收大数据开展试点，动态评价纳税人全生命周期信用状况，实时监控全环节待办业务风险状况，根据信用和风险高低，分类实施差异化服务和管理，既以最严格的标准防范逃避税，又尽力避免影响企业正常生产经营，营造更加优良的税收营商环境。

3.5　税收征管数字化升级影响
企业财务行为的机理

税收征管数字化升级使得税收执法方式、税费服务、监管模式和治理主体发生了重大的变化，进一步推进了精确执法、精细服务、精准监管和精诚共治，具体表现包括以下几点。

第一，税收征管数字化升级后使得税收执法方式由"经验执法"转变为"科学执法"。"金税三期"工程是全国统一的国地税征管软件版本，所有涉税业务的操作标准、处理流程、表证单书，均符合《纳税服务规范》《税收征管规范》的要求，做到了以同一个标准服务纳税人，使纳税人享受统一规范的纳税服务，构建了公平公正的税收执法环境，促进纳税服务、征收管理标准化、科学化。此外，"金税三期"工程把税收征管、纳税服务、出口退税、国地税合作等"规范"镶嵌在软件中、固化在流程里，并通过操作流程监控保障了税收执法的程序合法性，且自动检测监控业务，减少了人工审核环节，降低了纳税人的办税成本，提高了纳税效率。同时，"金税三期"工程规范税收执法，降低了执法风险，将所有业务流程、人员岗位都纳入一个系统，采取"流水线""链条式"管理，全流程考核和监督执法过程，较过去更加透明、规范、公开，实现了由结果监督到过程监控的转变。

第二，税收征管数字化升级后使得税费服务由"无差别化"转变为"精准主动"。利用税收大数据和"金税三期"工程，税务部门可以跨领域、跨行业跟踪、记录纳税人的投资、生产、分配和消费行为，通过清洗、整合、加工后，立体化地呈现出一个企业的真实图像，对纳税人实施全周期的"画像扫描"，实现对纳税人各类涉税风险的精准化识别、一户式归集、实时化预警、可视化展现、智能化提醒、自动化阻断，使税务部门的风险管控更具针对性。同时，税务机关通过"数据＋规则＋人工智能"的组合处理，对纳税人进行精准画像，建立一体化的"识别—分析—处理—结果"的"政策找人"流程，分类、分时、分层向法定代表人、财务人员、办税人员推送税费优惠政策，确保政策红利精准及时送达企业。

第三，税收征管数字化升级后使得监管模式由"以票管税"转变为"以数治税"。首先，"金税三期"工程融合税收征管变革和技术创新，统一国税、地税征管信息系统，实现了全国税收数据大集中，解决了各地系统不统一、数据难集中等长期困扰税收工作的老问题，为深度挖掘税收数据价值提供更全、更新、更细、更准的数据基础，并成为规范税收执法、优化纳税服务、管控税收风险、加强信息共享的"主引擎""大平台""信息池""安全阀"。其次，"金税三期"工程打破了信息孤岛局面，信息共享打破了地区和部门壁垒，实现了国地税数据及第三方数据的全面对接。依托数据大集中，税务总局不断深化"金税三期"工程增值应用，通过人工建模、系统自动取数，大大提高了数据采集质效，初步形成以风险管理为导向的税源专业化管理格局。最后，"金税三期"工程具有强大的数据查询和自学习功能，能精准快速地统计分析查询结果，并将数据的宏观分析与微观分析相结合，全面提升数据信息的价值，满足不同层次的需求，使得税源管理更加细化、精致。各级税务机关结合"金税三期"工程，通过数据清分可灵活定制查询服务，满足本级管理需求和为纳税人提供服务。

第四，税收征管数字化升级后使得治理主体由"单兵作战"转变为"协同共治"。首先，政府依托"金税三期"工程，进一步深化大数据、云计算、人工智能等新兴技术在税收征管中的应用，加强税务机关和企业、银行、财政等部门之间涉税信息互通共享，构建税收协同共治共享格局。国家税务总局与国家发展改革委等部门联合出台《公共资源交易平台管理暂行办法》，与海关总署、中国人民银行等部门先后建立常态化的数据交换共享机制，打破涉税信息互动壁垒，畅通涉税信息渠道，提高涉税信息搜集、分析和共享效率，降低信息不对称性，提升税收监管精准化、规范化水平。其次，依托"金税三期"工程，企业涉税信息实现在区域间、层级间、部门间共享，有助于开展多层次、宽领域、跨区域的协作共治和共同服务，为税务服务深度融合、执法适度整合、信息高度聚合以及业务通办、跨区域办税创造了条件，推动纳税服务向纵深推进。最后，"金税三期"工程还建立了强大的外部共享渠道，可以与第三方对接，也可与地方特色软件衔接，充分体现出系统开放性、共享性的特色，为深化信息共享、推动社会共治预留了广阔空间。

综上所述，税收征管数字化升级带来的税收执法方式、税费服务、监管模式和治理主体的变化，可以分别从征税效应和治理效应两条路径影响企业的财务行为。就征税效应而言，以"金税三期"为代表的"一个平台"、"两级处理"、"三个覆盖"和"四类系统"的税收征管数字化升级，实现了全国税收数据的集中、统一处理，税务部门的税收征管与执法能力明显增强，进一步压缩了企业的逃税空间，有力打击了企业的避税行为，推升了企业的实际税负，降低了企业的留存收益和现金流，进而影响企业财务行为。就治理效应而言，以"金税三期"为代表的税收征管数字化升级通过深化与海关、银行等跨部门信息共享和交流合作机制，对企业的涉税信息进行全面覆盖，使得不同来源的数据得以相互印证。同时，国家税务总局的《纳税信用管理办法》根据纳税企业信用历史信息、税务内部信息和外部信息等内容对纳税企业做出纳税信用评级，向全社会披露 A 级纳税人名单并实行动态更新。以上举措有效地改善了企业的信息环境，提高了企业信息的透明度，降低了所有者和管理者之间的委托代理成本和信息不对称程度，从而影响企业财务行为。

第4章 税收征管数字化升级对企业融资行为影响的实证分析

4.1 理论分析与假设提出

融资是企业根据自身的生产经营状况和未来经营发展的需要,组织资金的供应,以满足企业正常生产需要及经营管理活动需要,是企业一项重要的财务决策行为。本章将从征税效应和治理效应两方面阐述税收征管数字化升级对企业融资约束的影响。

从征税效应来看,税收是政府对企业利润的一种"强制性"分享,会减少企业的留存收益和现金流,减弱企业的内部融资能力,增加其外部融资需求和成本(于文超等,2018)。"金税三期"工程上线后,使得税务机关在获取企业及其行业信息方面更加全面和准确,在识别企业纳税异常方面更加精确。在获取信息方面,首先,"金税三期"工程统一了国税和地税的征管信息系统,实现了税收数据的集中管理和信息互通,有助于税务机关从企业收入、成本、应纳税额和银行账户等方面多维度跟踪和记录企业涉税信息,更加全面准确地把握企业及其所在行业的生产经营活动信息,减少了企业的机会主义行为。其次,"金税三期"工程接入了企业社保缴纳信息、工商备案信息和银行往来信息等,并与纳税信用等级、实名制相结合,显著地提高税务机关对税源税种监管的效率。在识别纳税异常方面,"金税三期"工程利用大数据技术首先核查企业的收入、成本费用、利润和库存等信息,追踪企业的资金流与票据流,计算出各项指标;而后利用大数据分析技术与企业历史数据进行纵向对比、与企业所在行业企业进行横向对比，提高对企业偷税、漏税等行为识别的精准度，抑制了企业的避税空间（张克中等，2020；李增福等，2021），推升了企业的实际税负（Li et al.，2020；Xiao et al.，2020；张克中等，2020；欧阳洁等，2023），降低了企业的留存收益和现金流，限制了企业的内源融资能力。依据迈尔斯和梅勒夫（Myers and Majluf，1984）的优序融资理论，内源融资的减少会导致外部融资需求增加，加剧企业的融资约束。

从治理效应来看，税收征管能够改善融资中的信息不对称问题，有利于企业融资规模的扩大和融资成本的降低（Guedhami and Pittman，2008；潘越等，2013）。"金税三期"工程建立了税务部门与财政、海关、银行、社保、国土、市场监管等部门的信息交流与共享平台，形成了一体的联系网，打破了信息孤岛的局面，实现了数据的跨部门网络互联。这必将进一步降低政府与企业间的信息不对称程度，破解企业与资金提供方之间的信息不对称壁垒。在此基础上，资金提供方更容易了解企业的基本面信息、判断企业的财务状况、评估企业的偿债能力，使得企业的融资约束得以缓解、融资规模得以提高。此外，国家税务总局向全社会披露 A 级纳税人名单，该名单无疑具有较高的鉴证作用，意味着纳税信用评级为 A 的企业对外披露的信息是更高质量的（孙雪娇等，2019）。纳税信用评级数据在企业与资金提供方之间搭建了信息桥梁，有利于资金提供方掌握较为真实的企业财务信息（曾亚敏和张俊生，2009），从而缓解了纳税信用评级为 A 的企业的融资约束。同时，此类企业在项目管理、税收服务、融资授信、进出口等 18 个领域享受了 41 项政策优惠和绿色通道（闫慧慧，2023），实现了多部门整体推进、协同联动的同声"大合唱"。如 2015 年税务总局与银监会合作开展的"银税互动"助力小微企业发展活动，实现了"纳税信用"与"融资信用"的无缝对接，将纳税信用成功转化为企业的融资资本，成功走出了一条缓解小微企业融资难题的新渠道。

基于上述分析，税收征管数字化升级对企业融资约束可能存在正反两方面的影响，影响机制见图 4-1。因此，本章提出如下竞争性假设。

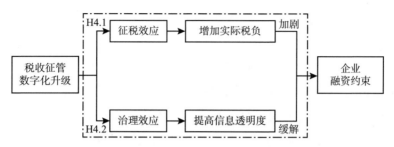

图 4 - 1　税收征管数字化升级对企业融资约束的影响机制

假设 4.1：假定其他条件保持不变，税收征管数字化升级会加剧企业融资约束。

假设 4.2：假定其他条件保持不变，税收征管数字化升级会缓解企业融资约束。

4.2　变量定义与模型构建

4.2.1　变量定义

（1）被解释变量。

企业融资约束（SA）。目前度量融资约束的方法主要有五种：一是单一指标，如股利；二是综合指数，如 SA 指数、KZ 指数、WW 指数等；三是量化模型，如投资—现金流模型；四是外生冲击事件，如外部资本供给冲击；五是文本分析法，如词典法、余弦相似度。但单一指标不能全面反映出企业的融资约束情况，外生冲击事件仅能定性分析，量化模型较为依赖特定假定，文本分析法操作困难且语义判断不够客观，而综合指数中的 SA 指数法能较为综合全面地反映企业融资约束程度，且不包含内生性变量，较为客观（孙雪娇等，2019）。因此，本章以 SA 指数度量企业融资约束。SA 指数越大，融资约束程度越高。

（2）解释变量。

税收征管数字化升级的政策效应（Post × Treat）。本章借鉴欧阳洁等（2023）的研究方法，当 j 地区在第 t 年上线"金税三期"工程后，Post × Treat 赋值为 1，否则为 0。将各地区单轨上线的节点作为试点时间，同时与多数研究一致，把 6 月份之前实施的地区视为当年试点，而将下半年 6 月份以后实施的地区视为下一年度开始试点，详见表 4 - 1。

表 4 - 1   金税三期试点地区及其政策实施年份

金税三期试点时间	开展试点的地区	政策实施年份
2013 年上半年	重庆	2013 年
2013 年下半年	山东（除青岛）、山西	2014 年
2015 年上半年	广东（除深圳）、河南、内蒙古	2015 年
2015 年下半年	宁夏、河北、西藏、贵州、云南、广西、湖南、青海、海南、甘肃	2016 年
2016 年上半年	安徽、新疆、四川、吉林	2016 年
2016 年下半年	辽宁（除大连）、大连、江西、福建（除厦门）、厦门、上海、青岛、北京、黑龙江、天津、湖北、陕西、江苏、浙江（除宁波）、宁波、深圳	2017 年

（3）控制变量。

控制变量包括企业规模（Size）、资产负债率（Lev）、企业成长性（Growth）、股权集中度（Top）、盈利能力（Roa）、债务水平（Debt）、固定资产比率（Far）、组织冗余度（Redundancy）、经济发展水平（Pgdp）变量。

主要变量的说明详见表 4 - 2。

表 4 - 2   主要变量说明

变量类型	变量名称	变量符号	变量度量
被解释变量	融资约束	SA	$SA = \mid -0.737 \times Size + 0.043 \times Size^2 - 0.04 \times Age \mid$

变量类型	变量名称	变量符号	变量度量
解释变量	税收征管数字化升级的政策效应	Post × Treat	"金税三期"工程是否上线的虚拟变量
控制变量	企业规模	Size	总资产取自然对数
	资产负债率	Lev	年末负债总额/年末资产总额
	企业成长性	Growth	营业收入增长率
	股权集中度	Top	第一大股东持股比例
	盈利能力	Roa	总资产净利率
	债务水平	Debt	总负债取自然对数
	固定资产比率	Far	固定资产/总资产
	组织冗余度	Redundancy	所有者权益/总负债
	经济发展水平	Pgdp	人均地区生产总值取自然对数

4.2.2 模型构建

"金税三期"工程分步实施、分批试点的方式,为本章考察税收征管数字化升级对企业融资约束的影响提供了一个良好的准自然实验。因此,为了验证税收征管数字化升级对企业融资约束的影响,本章借鉴欧阳洁等(2023)的研究,通过多期双重差分法构建模型(4.1)进行检验:

$$SA_{ijet} = \alpha_0 + \alpha_1 Post_{jt} \times Treat_{jt} + \alpha_2 \sum Control_{ijet} + \mu_i + \delta_j + \theta_c + \tau_t + \varepsilon_{ijet}$$

$$(4.1)$$

其中,回归模型的被解释变量是企业融资约束,解释变量为税收征管数字化升级的政策效应,Control 表示控制变量;i 为企业,j 为地区,c 为行业,t 为年份;μ_i 表示企业个体固定效应,δ_j 表示地区固定效应,θ_c 表示行业固定效应,τ_t 表示时间固定效应,ε_{ijet} 为随机误差项。

4.3 实证分析与结果描述

4.3.1 样本选择与数据来源

本章选取 2008～2022 年我国 A 股上市公司为研究样本，剔除金融业、ST 类、*ST 类以及相关指标缺失的企业后剩余 42174 个样本。本章研究数据来自国泰安数据库（CSMAR）和国家统计局网站，主要变量进行了 1% 和 99% 分位上的缩尾处理，并使用 Stata15.0 软件对数据进行处理和统计分析。

4.3.2 描述性统计

表 4 - 3 显示了主要变量的描述性统计结果。被解释变量融资约束（SA）的最大值为 4.424，最小值为 3.090，均值为 3.781，标准差为 0.264，与现有文献对 SA 指数的描述性统计基本一致。解释变量税收征管数字化升级的政策效应（Post×Treat）的均值为 0.571，表明在样本期间共有 57.1% 的观测值受到了"金税三期"工程的影响。在控制变量方面，企业规模（Size）的均值为 22.090，标准差为 1.303，表明了样本上市公司的资产规模存在显著差别。资产负债率（Lev）的平均数为 0.420，说明样本上市公司的偿债能力普遍较强。企业成长性（Growth）的最大值为 2.499，最小值为 -0.579，标准差为 0.403，反映了样本上市公司的成长性相距甚远。股权集中度（Top）的平均值为 0.346，说明第一大股东平均持股比例为 34.6%，说明样本上市公司股权较为集中。盈利能力（Roa）最高为 0.234，最低为负数，说明不同样本上市公司之间盈利能力差异较大，样本上市公司在该方面还具有很大的增长空间。债务水平（Debt）的平均值、最小值和最大值分别为 21.060、17.530、25.750，分别小于企业的总

资产取自然对数的平均值、最小值和最大值，证明上市企业出现资不抵债的情况并不多，资产状况普遍良好。固定资产比率（Far）的最大值和最小值分别为 0.695 和 0.002，体现了该指标因行业不同可能存在较大差异。组织冗余度（Redundancy）的均值为 2.547，说明样本上市公司的所有者权益总额大约是负债总额的 2.5 倍。经济发展水平（Pgdp）的最大值和最小值分别为 2.931 和 0.543，反映了不同地区经济发展水平存在较大差距。

表 4 - 3   主要变量的描述性统计结果

变量名称	N	mean	sd	min	p25	p50	p75	max
SA	42174	3.781	0.264	3.090	3.601	3.784	3.957	4.424
Post × Treat	42174	0.571	0.495	0.000	0.000	1.000	1.000	1.000
Size	42174	22.090	1.303	19.690	21.150	21.900	22.830	26.140
Lev	42174	0.420	0.208	0.051	0.252	0.412	0.576	0.898
Growth	42174	0.172	0.403	-0.579	-0.024	0.111	0.276	2.499
Top	42174	0.346	0.150	0.086	0.228	0.324	0.448	0.750
Roa	42174	0.044	0.067	-0.238	0.015	0.042	0.078	0.234
Debt	42174	21.060	1.691	17.530	19.880	20.950	22.130	25.750
Far	42174	0.208	0.160	0.002	0.083	0.174	0.298	0.695
Redundancy	42174	2.547	3.161	0.114	0.737	1.429	2.970	18.820
Pgdp	42174	1.917	0.534	0.543	1.580	1.943	2.303	2.931

4.3.3 多元回归分析

表 4 - 4 列示了税收征管数字化升级与企业融资约束的基准回归结果。Post × Treat 的回归系数为 0.0031，在 10% 的水平上显著，假设 4.1 得到验证，反映了税收征管数字化升级加剧了企业的融资约束。这从侧面证明了在数字技术与税收征管深度融合的条件下，其所带来的税负冲击也在一定程度上加剧了企业的融资约束。因此，在推进税收征管数字化升级的同时进行税收政策的优化是十分必要的。

表 4 – 4   税收征管数字化升级与企业融资约束的基准回归结果

变量名称	SA
Post × Treat	0. 0031 * (1. 72)
Size	− 0. 1643 *** (− 35. 53)
Lev	− 0. 3683 *** (− 40. 37)
Growth	0. 0108 *** (12. 74)
Top	− 0. 0930 *** (− 18. 38)
Roa	− 0. 0911 *** (− 13. 41)
Debt	0. 1804 *** (39. 77)
Far	− 0. 0480 *** (− 11. 11)
Redundancy	0. 0111 *** (24. 08)
Pgdp	0. 0355 *** (5. 91)
Constant	3. 3662 *** (140. 83)
Year	Yes
Industry	Yes
Province	Yes
Firm	Yes
Observations	42174
Number of id	5069
R – squared	0. 862

注: *、** 和 *** 分别表示 10%、5% 和 1% 的显著性水平, 括号内为 t 统计值。

4.3.4　稳健性检验

4.3.4.1　平衡趋势假设检验

在采用多重差分模型估计之前，需对处理组与对照组融资约束的差异进行平行趋势假设检验，即检验两组企业融资约束的差异是否在税收征管数字化升级之前就已存在。本部分借鉴雅各布森等（Jacobson et al.，1993）的方法，将模型（4.1）中的自变量换成表示"金税三期"工程实施前两年、前一年、当年、后一年、后两年、后三年及以后年度的哑变量，即 PRE_2、PRE_1、CUR_0、AFT_1、AFT_2、AFT_3，同时控制模型（4.1）中所涉及的控制变量，因变量不变。估计结果如表 4 - 5 和图 4 - 2 所示，PRE_2、PRE_1 的系数估计值均不显著，而 CUR_0、AFT_1、AFT_2、AFT_3 的系数估计值均显著为正。检验结果通过了平行趋势假设检验。

表 4 - 5　　税收征管数字化升级与企业融资约束的平衡趋势假设检验结果

变量名称	PRE_2	PRE_1	CUR_0	AFT_1	AFT_2	AFT_3	Control-variables
结果	0.0017 (0.82)	0.0038 (1.52)	0.0061 ** (2.09)	0.0087 ** (2.56)	0.0107 *** (2.84)	0.0128 *** (2.94)	控制
变量名称	Year	Industry	Province	Firm	Observations	R - squared	
结果	控制	控制	控制	控制	42174	0.862	

注：*、** 和 *** 分别表示 10%、5% 和 1% 的显著性水平，括号内为 t 统计量。

4.3.4.2　安慰剂检验

为了排除本章的基准回归结果是由偶然性或随机性因素，而并非由"金税三期"工程的实施所致这一担忧，本部分借鉴柴提等（Chetty et al.，2009）的做法，随机将"金税三期"工程分配给企业生成新的实验组和控制组，重复这一过程 200 次，进行反事实估计。估计的结果如图 4 - 3 所示，随机分配的"金税三期"变量的回归系数都在 0 附近，说明本部分构造的虚拟政策效应并不存在。因此，本章的基准回归结果并非偶然性或随机性因素所致。

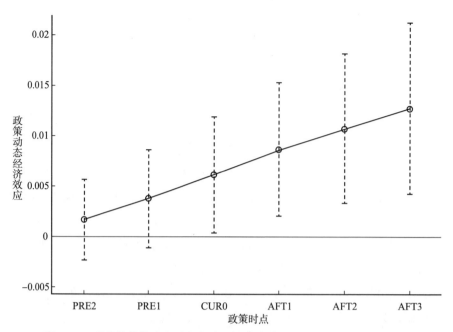

图 4 - 2　税收征管数字化升级与企业融资约束的平衡趋势假设检验结果

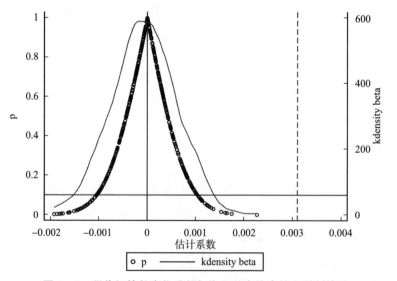

图 4 - 3　税收征管数字化升级与企业融资约束的安慰剂检验

4.3.4.3　PSM – DID

本章采用 PSM 解决税收征管数字化升级与企业融资约束之间可能存在的内生性问题。首先，借鉴孙雪娇等（2021）的做法，选择企业规模、资产负债率、企业成长性、第一大股东持股比例、盈利能力、经营活动净现金流、企业年龄、实际税率作为协变量，使用 Probit 模型估算倾向得分值，进行 1∶1 不放回配对。而后，使用配对出的子样本重新放入模型（4.1）中进行回归检验。检验结果如表 4 – 6 所示，Post × Treat 的系数为 0.0031，且在 10% 的水平上显著，本章的结论依旧成立。

表 4 – 6　　税收征管数字化升级与企业融资约束的稳健性检验

变量名称	PSM – DID	排除"营改增"政策干扰
Post × Treat	0.0031 * (1.70)	0.0036 * (1.92)
Size	− 0.1654 *** (− 35.69)	− 0.1724 *** (− 33.95)
Lev	− 0.3707 *** (− 40.53)	− 0.3507 *** (− 35.58)
Growth	0.0109 *** (12.79)	0.0111 *** (12.58)
Top	− 0.0939 *** (− 18.57)	− 0.0848 *** (− 15.94)
Roa	− 0.0914 *** (− 13.45)	− 0.0690 *** (− 9.17)
Debt	0.1816 *** (39.93)	0.1803 *** (36.10)
Far	− 0.0476 *** (− 11.03)	− 0.0588 *** (− 12.69)
Redundancy	0.0112 *** (24.24)	0.0114 *** (21.59)

续表

变量名称	PSM – DID	排除"营改增"政策干扰
Pgdp	0. 0330 *** (5. 48)	0. 0276 *** (4. 37)
Constant	3. 3716 *** (141. 05)	3. 5790 *** (139. 22)
Year	Yes	Yes
Industry	Yes	Yes
Province	Yes	Yes
Firm	Yes	Yes
Observations	42124	37184
Number of id	5069	4513
R – squared	0. 862	0. 859

注：* 、** 和 *** 分别表示10% 、5% 和1% 的显著性水平，括号内为 t 统计值。

4.3.4.4 排除"营改增"政策干扰

为了缓解"营改增"政策对实证结果的干扰，本书参照张玉明等（2023）的做法，将受到"营改增"政策影响最大的现代服务业和交通运输业①企业从研究样本中剔除，以观察缓解了"营改增"政策影响后的回归结果。从表4-6的结果来看，Post × Treat 的系数仍然保持显著，说明本书的结果较为稳健。

4.3.5 作用机制检验

在模型（4.1）的基础上，本部分构造了检验模型（4.2）和模型

---

① 删除的现代服务业和交通运输业代码如下：G55 水上运输业；G56 航空运输业；G58 装卸搬运和运输代理业；G54 道路运输业；G53 铁路运输业；M74 专业技术服务业；I65 软件和信息技术服务业；I64 互联网和相关服务；O79 居民服务业；I63 电信、广播电视和卫星传输服务；L72 商务服务业；O81 其他服务业；M75 科技推广和应用服务业；A05 农、林、牧、渔服务业。后同。

（4.3），借鉴温忠麟等（2004）提出的中介效应检验程序来验证实际税负和信息透明度在税收征管数字化升级与企业融资约束两者之间的中介效应。具体的检验步骤如下：第一，检验税收征管数字化升级与实际税负、税收征管数字化升级与信息透明度的关系，见模型（4.2）。第二，依次检验税收征管数字化升级、实际税负与企业融资约束的关系，税收征管数字化升级、信息透明度与企业融资约束的关系，见模型（4.3）。第三，判断模型（4.3）中税收征管数字化升级这一自变量的回归系数，若其回归系数 γ_1 不显著，则说明实际税负、信息透明度存在完全中介效应；若其回归系数 γ_1 显著，但低于模型（4.1）中 α_1 的值，则说明实际税负、信息透明度存在部分中介效应。

$$\mathrm{ETR/Dd}_{ijet} = \beta_0 + \beta_1 \, \mathrm{Post}_{jt} \times \mathrm{Treat}_{jt} + \beta_2 \sum \mathrm{Control}_{ijet}$$
$$+ \, \mu_i + \delta_j + \theta_c + \tau_t + \varepsilon_{ijet} \tag{4.2}$$

$$\mathrm{SA}_{ijet} = \gamma_0 + \gamma_1 \, \mathrm{Post}_{jt} \times \mathrm{Treat}_{jt} + \gamma_2 \, \mathrm{ETR/Dd}_{ijet} + \gamma_3 \sum \mathrm{Control}_{ijet}$$
$$+ \, \mu_i + \delta_j + \theta_c + \tau_t + \varepsilon_{ijet} \tag{4.3}$$

对于实际税负（ETR）的度量，本章借鉴王攀等（2023）的研究，采用企业所得税费用占利润总额的比例衡量企业实际税负。该比值越大，表明企业的实际税负越高。对于信息透明度（Dd）的度量，本章参考德肖和迪切夫（Dechow and Dichev，2002）模型（简称 DD 模型），将营运资本应计对滞后一期、本期和未来一期的经营活动现金流进行线性回归残差的绝对值作为度量企业信息透明度的指标。该指标的数值越高，表明企业信息透明度越低；反之，则企业信息透明度越高。DD 模型的具体计算公式见模型（4.4）：

$$\frac{\mathrm{WCA}_{i,t}}{A_{i,t-1}} = \beta_0 + \beta_1 \frac{\mathrm{CFO}_{i,t-1}}{A_{i,t-1}} + \beta_2 \frac{\mathrm{CFO}_{i,t}}{A_{i,t-1}} + \beta_3 \frac{\mathrm{CFO}_{i,t+1}}{A_{i,t-1}} + \varepsilon_{i,t} \tag{4.4}$$

其中，WCA 表示营运资本变化，即第 t − 1 年与第 t 年间的 △应收账款 + △存货 − △应付账款 − △应付税款 + △其他流动资产；CFO 为表示经营活动现金流净额；A_{t-1} 为消除规模效应，用 t − 1 期期末总资产表示；ε_{it} 为回归残差，残差的绝对值越大，盈余管理空间越大，说明会计信息质量越低。

表4-7列示了税收征管数字化升级与企业融资约束的作用机制检验结果。表4-7列（1）反映了税收征管数字化升级与实际税负的回归结果，Post×Treat的回归系数为0.0082，且在10%的水平上显著，说明税收征管数字化升级显著提高了企业的实际税负。列（2）反映了税收征管数字化升级、实际税负与企业融资约束的回归结果，Post×Treat的回归系数在10%的水平上显著，该系数小于表4-4基准回归中对应的系数。列（3）反映了税收征管数字化升级与信息透明度的回归结果，Post×Treat的回归系数为-0.0065，且在10%的水平上显著，说明税收征管数字化升级显著提高了企业的信息透明度。列（4）反映了税收征管数字化升级、信息透明度与企业融资约束的回归结果，Post×Treat的回归系数不显著，信息透明度在税收征管数字化升级与企业融资约束之间的中介作用未予以证实。以上结果表明实际税负在税收征管数字化升级与企业融资约束之间发挥着部分中介作用。可能的原因是，税收征管数字化升级能助力税务机关更全面、及时、有效地掌握涉税信息和实现信息共享，从而降低征纳双方之间的信息不对称性，提高对企业监管的精准化水平，增加企业避税风险和成本，抑制企业潜在避税活动，增加企业实际税负，减少企业现金流量和留存收益，从而加剧企业融资约束（张志强和韩凤芹，2023）。

表4-7　　　税收征管数字化升级与融资约束的作用机制检验结果

变量名称	（1）	（2）	（3）	（4）
	ETR	SA	Dd	SA
Post×Treat	0.0082 * （1.76）	0.0031 *① （1.71）	-0.0065 * （-1.88）	0.0023 （1.28）
ETR		-0.0050 ** （-2.47）		
Dd				0.0103 *** （3.37）

---

① 保留小数点后5位的值为0.00309。

续表

变量名称	(1)	(2)	(3)	(4)
	ETR	SA	Dd	SA
Size	−0. 0038 (−0. 32)	−0. 1635 *** (−35. 19)	0. 0359 *** (3. 55)	−0. 1959 *** (−36. 92)
Lev	−0. 0524 ** (−2. 21)	−0. 3669 *** (−40. 06)	0. 0919 *** (4. 80)	−0. 3806 *** (−37. 91)
Growth	−0. 0027 (−1. 21)	0. 0111 *** (12. 92)	0. 0586 *** (35. 54)	0. 0073 *** (8. 24)
Top	0. 0220 * (1. 68)	−0. 0928 *** (−18. 33)	0. 0288 *** (2. 78)	−0. 0518 *** (−9. 55)
Roa	0. 4674 *** (26. 35)	−0. 0923 *** (−13. 37)	−0. 0329 ** (−2. 30)	−0. 0136 * (−1. 81)
Debt	0. 0193 (1. 63)	0. 1789 *** (39. 25)	−0. 0402 *** (−4. 04)	0. 2003 *** (38. 45)
Far	−0. 0144 (−1. 28)	−0. 0486 *** (−11. 21)	−0. 0884 *** (−10. 07)	−0. 0606 *** (−13. 16)
Redundency	0. 0005 (0. 43)	0. 0109 *** (23. 53)	−0. 0029 *** (−2. 64)	0. 0138 *** (24. 01)
Pgdp	−0. 0522 *** (−3. 34)	0. 0359 *** (5. 96)	0. 0039 (0. 33)	0. 0389 *** (6. 26)
Constant	−0. 1034 * (−1. 66)	3. 3799 *** (140. 85)	0. 0931 * (1. 91)	3. 6321 *** (142. 30)
Year	Yes	Yes	Yes	Yes
Industry	Yes	Yes	Yes	Yes
Province	Yes	Yes	Yes	Yes
Firm	Yes	Yes	Yes	Yes
Observations	42030	42030	33646	33646
R−squared	0. 043	0. 863	0. 108	0. 858
Number of id	5054	5054	4093	4093

注：*、** 和 *** 分别表示 10%、5% 和 1% 的显著性水平，括号内为 t 统计值。

4.3.6 异质性分析

4.3.6.1 所处行业的异质性

2010 年，国务院下发的《关于加快培育和发展战略性新兴产业的决定》中指出，加快培育和发展战略性新兴产业，健全财税金融政策支持体系，加大扶持力度。在财政方面，设立战略性新兴产业发展专项资金，增加中央财政投入，创新支持方式；在税收方面，针对战略性新兴产业的特点，研究完善鼓励创新、引导投资和消费的税收支持政策。这在一定程度上能够抵减税收征管数字化升级所带来的实际税负上升的影响。因此，本部分预期税收征管的数字化升级会更多地加剧非新兴行业的融资约束。

为了验证上述预期，本部分依据国务院的《关于加快培育和发展战略性新兴产业的决定》，将节能环保、新一代信息技术、生物、高端装备制造、新能源、新材料和新能源汽车七个产业列为新兴行业。分组后的异质性检验结果如表 4 - 8 所示，在非新兴行业组中，Post × Treat 的回归系数在 10% 的水平上显著为正；而在新兴行业组中，Post × Treat 的回归系数虽为正但不显著。这表明税收征管数字化升级对加剧非新兴行业融资约束的影响更显著。

表 4 - 8   依据企业所处行业分组的异质性检验结果

变量名称	新兴行业	非新兴行业
Post × Treat	0.0058 (0.47)	0.0031 * (1.70)
Size	- 0.0676 * (- 1.67)	- 0.1661 *** (- 35.63)
Lev	- 0.1612 ** (- 2.12)	- 0.3717 *** (- 40.37)

变量名称	新兴行业	非新兴行业
Growth	0.0091 * (1.80)	0.0109 *** (12.63)
Top	-0.0786 *** (-3.00)	-0.0945 *** (-18.33)
Roa	-0.1794 *** (-3.48)	-0.0894 *** (-13.03)
Debt	0.0865 ** (2.15)	0.1818 *** (39.79)
Far	-0.1959 *** (-5.29)	-0.0459 *** (-10.54)
Redundancy	0.0060 (1.44)	0.0111 *** (23.96)
Pgdp	0.0094 (0.26)	0.0357 *** (5.86)
Constant	3.1954 *** (22.61)	3.3782 *** (139.78)
Year	Yes	Yes
Industry	Yes	Yes
Province	Yes	Yes
Firm	Yes	Yes
Observations	851	41323
Number of id	104	4965
R - squared	0.911	0.861

注：*、** 和 *** 分别表示 10%、5% 和 1% 的显著性水平，括号内为 t 统计值。

4.3.6.2　行业竞争程度的异质性

行业竞争会强化淘汰和掠夺效应，使企业面临较大的生存压力，从而影响其融资决策（窦超等，2020）。税收征管数字化升级会提升企业的实际税负，降低企业的留存收益和现金流，限制企业的内源融资能力。随着行业竞争程度的加剧，市场上的资源变得更加紧缺，使得处于行业竞争程度较高的企业面临的融资约束问题进一步加剧。本部分预测税收征管数字化升级对处于行业竞争程度较高的企业的融资约束影响更大。

为了验证上述预期，本部分采用赫芬达尔指数衡量行业竞争程度，以赫芬达尔指数的均值为标准进行高低分组。分组后的异质性检验结果如表4-9，在行业竞争程度较高的样本中，Post×Treat 的回归系数在10% 水平上显著为正；而在行业竞争程度较低的样本中，Post×Treat 的回归系数虽为正，但不显著。可见，税收征管数字化升级对加剧行业竞争程度较高的企业的融资约束影响更显著。可能的原因在于，一方面，对于处于行业竞争程度较高的企业而言，投资者和银行等金融机构会相应减少投资和信贷资金（姚震等，2020），加重了企业的融资约束；另一方面，处于行业竞争程度较高的企业提升融资能力的动机更强，外部融资约束水平通常更高（窦超等，2020）。以上两方面原因使得税收征管数字化升级对融资约束的影响随着行业竞争程度的加剧而加深。

表4-9　　　　依据行业竞争程度高低分组的异质性检验结果

变量名称	行业竞争程度较高组	行业竞争程度较低组
Post×Treat	0.0040 * (1.77)	0.0032 (1.17)
Size	-0.1826 *** (-30.61)	-0.0929 *** (-11.48)
Lev	-0.3823 *** (-32.35)	-0.2566 *** (-16.03)
Growth	0.0107 *** (10.59)	0.0087 *** (5.85)
Top	-0.0849 *** (-13.55)	-0.1295 *** (-14.25)

变量名称	行业竞争程度较高组	行业竞争程度较低组
Roa	-0.0673 *** (-7.67)	-0.1319 *** (-11.83)
Debt	0.1929 *** (32.92)	0.1164 *** (14.65)
Far	-0.0393 *** (-7.34)	-0.0550 *** (-7.31)
Redundancy	0.0124 *** (20.90)	0.0051 *** (6.64)
Pgdp	0.0539 *** (7.05)	-0.0009 (-0.09)
Constant	3.4395 *** (106.59)	3.2187 *** (77.83)
Year	Yes	Yes
Industry	Yes	Yes
Province	Yes	Yes
Firm	Yes	Yes
Observations	26991	15015
Number of id	3899	2348
R - squared	0.863	0.850

注：*、** 和 *** 分别表示 10%、5% 和 1% 的显著性水平，括号内为 t 统计值。

4.3.6.3　市场化进程的异质性

区域市场化程度通常意味着市场资源配置效率的高低，其与企业信贷融资的可获取性息息相关（于井远和周萌，2023）。相较于处于市场化进程较高地区的企业而言，处于市场化进程较低地区的企业面临的融资约束问题更为严重（陈志斌和范圣然，2015）。在实现税收征管的数字化升级后，由于征税效应的存在，处于市场化进程较低地区的企业，其融资约束问题将会进一步加剧。因此，本部分预测在市场化进程越低的地区，税收征管数字化升级对企业融资约束程度的影响越大。

为了验证上述预期,本部分以王小鲁等(2021)提出的市场化总指数的中位数为基准,将样本企业分为市场化进程高低两组。由于该指数的最新统计截止日期为 2019 年,本部分参考马连福等(2015)的做法,推算出 2020~2022 年各地区的该指数。分组后的异质性检验结果如表 4 - 10 所示,在市场化进程较高组,Post×Treat 的回归系数为正但不显著;在市场化进程较低组,Post×Treat 的回归系数显著为正。这说明税收征管数字化升级对融资约束的加剧作用将随着市场化进程的加深而减弱。可能的原因是,与市场化进程较低地区相比,市场化进程较高地区的银行机构更多,银行间同业竞争更激励,信贷资源也更丰富,这有助于拓展该地区企业的融资渠道,缓解其融资约束(于井远和周萌,2023)。因此,税收征管数字化升级对融资约束的加剧作用在市场化程度较高地区更不显著。

表 4 - 10　　　　　　依据市场化进程高低分组的异质性检验结果

变量名称	市场化进程较高组	市场化进程较低组
Post × Treat	0.0033 (1.09)	0.0037 * (1.70)
Size	-0.1260 *** (-18.87)	-0.1591 *** (-25.78)
Lev	-0.3023 *** (-22.39)	-0.3626 *** (-30.37)
Growth	0.0066 *** (5.56)	0.0123 *** (11.27)
Top	-0.1317 *** (-17.80)	-0.0573 *** (-8.21)
Roa	-0.0905 *** (-10.10)	-0.0705 *** (-7.45)
Debt	0.1461 *** (22.14)	0.1754 *** (29.12)

变量名称	市场化进程较高组	市场化进程较低组
Far	-0.0503 *** (-7.76)	-0.0409 *** (-7.33)
Redundancy	0.0084 *** (12.84)	0.0102 *** (16.75)
Pgdp	0.0763 *** (3.87)	0.0450 *** (6.13)
Constant	3.0552 *** (54.16)	3.3223 *** (108.00)
Year	Yes	Yes
Industry	Yes	Yes
Province	Yes	Yes
Firm	Yes	Yes
Observations	20730	21444
Number of id	4110	3171
R - squared	0.855	0.864

注：* 、** 和 *** 分别表示 10% 、5% 和 1% 的显著性水平，括号内为 t 统计值。

4.3.7　进一步测试

一般而言，融资约束的加剧一方面表现为融资规模的减少，另一方面表现为融资成本的提高（孙雪娇等，2019）。既然税收征管数字化升级加剧了企业的融资约束，那么其是否也降低了企业的融资规模（包括债权融资规模和股权融资规模）以及推升了企业的融资成本（包括债务资本成本和权益资本成本）？下文将检验税收征管数字化升级对企业融资规模和融资成本的影响。

4.3.7.1　对融资规模的影响

本部分从债务融资规模（Loan）和股权融资规模（lnseo）两方面考

察税收征管数字化升级对企业融资规模的影响。参考麦克林和赵梦新
（Mclean and Zhao，2014）的做法，债务融资规模以流动负债与非流动负
债的当年增加值之和除以总资产表示，股权融资规模用股东权益与留存收
益差值的当年增加值除以总资产表示。进一步将债务融资规模分为短期债
务融资规模（Loan_short）和长期债务融资规模（Loan_long），前者以流
动负债的当年增加值除以总资产表示，后者以非流动负债的当年增加值除
以总资产表示。同时，控制了企业规模（Size）、资产负债率（Lev）、企
业成长性（Growth）、股权集中度（Top）、盈利能力（Roa）、债务水平
（Debt）、企业应尽纳税义务（Tax）[①]、固定资产比率（Far）、存货比率
（Inr）[②] 等变量。

表 4 – 11 列示了税收征管数字化升级与企业债务融资规模、股权融资
规模的回归结果。Post × Treat 与 Loan、Loan_short、lnseo 的回归系数均显
著为负。这反映了税收征管数字化升级显著降低了企业的债权融资规模、
短期债务融资规模和股权融资规模，影响了企业的融资能力。税收征管数
字化升级对长期债务融资规模的影响为负但不显著。这可能是由以下两方
面造成的：一方面，长期债务融资存在财务风险高、债务利息固定、负担
大及限制条件多等缺点，企业进行长期债务融资的意愿和被授信的机会也
较低；另一方面，税收征管数字化升级增加了企业的实际税负，对企业财
务的稳定性和现金流造成冲击，并向外界传递出一种消极的信号，也在一
定程度上让金融机构质疑企业是否具备偿付长期债务的能力，金融机构发
放长期债务也变得更为谨慎（申明浩等，2023）。

表 4 – 11 税收征管数字化升级对企业融资规模影响的进一步测试结果

变量名称	Loan	Loan_short	Loan_long	lnseo
Post × Treat	− 0. 0078 *** （− 2. 72）	− 0. 0091 * （− 1. 70）	− 0. 0023 （− 1. 17）	− 0. 0045 * （− 1. 83）

---

① 企业应尽纳税义务用应交税费加 1 后取对数表示。

② 存货比率 = 存货净额/总资产。

续表

变量名称	Loan	Loan_short	Loan_long	lnseo
Size	-0.0154 *** (-4.14)	-0.0136 ** (-1.97)	-0.0007 (-0.28)	0.0350 *** (10.26)
Lev	0.1514 *** (13.72)	0.0473 ** (2.30)	0.0400 *** (5.29)	-0.1861 *** (-18.91)
Growth	0.0773 *** (56.03)	0.0829 *** (32.21)	0.0147 *** (15.55)	0.0413 *** (35.52)
Top	0.0513 *** (6.07)	0.0510 *** (3.23)	0.0262 *** (4.53)	-0.0260 *** (-3.53)
Roa	0.0847 *** (7.43)	0.0206 (0.97)	0.0168 ** (2.15)	-0.0365 *** (-3.67)
Debt	0.0523 *** (15.05)	0.0538 *** (8.30)	0.0164 *** (6.90)	0.0032 (0.99)
Tax	-0.0078 *** (-10.39)	-0.0047 *** (-3.32)	-0.0043 *** (-8.28)	-0.0025 *** (-3.87)
Far	-0.1997 *** (-27.26)	-0.1269 *** (-9.29)	-0.0686 *** (-13.68)	-0.1195 *** (-18.81)
Inr	-0.0240 *** (-2.77)	0.0630 *** (3.90)	-0.0465 *** (-7.84)	-0.0662 *** (-8.98)
Constant	-0.5741 *** (-16.05)	-0.7379 *** (-11.07)	-0.2285 *** (-9.33)	-0.5863 *** (-18.85)
Year	Yes	Yes	Yes	Yes
Industry	Yes	Yes	Yes	Yes
Province	Yes	Yes	Yes	Yes
Firm	Yes	Yes	Yes	Yes
Observations	38836	38836	38836	35504
Number of id	5035	0.080	0.057	4668
R - squared	0.247	5035	5035	0.163

注：*、** 和 *** 分别表示 10%、5% 和 1% 的显著性水平，括号内为 t 统计值。

4.3.7.2 对融资成本的影响

本部分从债务资本成本（Cost）和权益资本成本（R_e）两方面考察税收征管数字化升级对企业融资成本的影响。债务资本成本（Cost）的度量参考潘越等（2013）的研究，采用期末财务费用与平均总负债的比值再乘100衡量。该比值越大，表明企业面临的债务资本成本越高。权益资本成本（R_e）参考肖作平（2016）的 OJ 模型，该模型以预期每股股利序列的现值等于每股价格时的内含报酬率作为权益资本成本。OJ 模型的具体计算公式如模型（4.5）至模型（4.8）：

假设 1：
$$P_0 = \sum_{t=1}^{\infty} \frac{dps_t}{(1 + R_e)^t} \tag{4.5}$$

其中，P_0 为当前 $t = 0$ 期的每股价格；dps_t 为第 t 期预期每股股利；R_e 为权益资本成本。

假设 2：　　序列 $\{z_t\}_{t=1}^{\infty}$ 满足 $z_{t+1} = \gamma z_t$，$t = 1$，2，…　　（4.6）

其中，$1 \leqslant \gamma < 1 + R_e$ 且 $z_1 > 0$。

结合假设 1 和假设 2，OJ 模型产生如下估值等式：

$$P_0 = \frac{eps_1}{R_e} + \frac{z_1}{R_e - (\gamma - 1)} \tag{4.7}$$

其中，$z_1 = \dfrac{eps_2 - eps_1 + R_e(dps_1 - eps_1)}{R_e}$；固定的永久增长率 $g_p = \gamma - 1$。

故得到：

$$R_e = A + \sqrt{A^2 + \frac{eps_1}{p_0}(g_2 - (r - 1))} \tag{4.8}$$

其中，$A = \dfrac{1}{2}\left((r - 1) + \dfrac{dps_1}{p_0}\right)$，$g_2 = \dfrac{(eps_2 - eps_1)}{eps_1}$。

模型（4.8）中的 eps_1 和 eps_2 分别是分析师对 $t = 1$ 期和 $t = 2$ 期的预期每股收益，采用对应年度 12 月份分析师预测的平均值表示。分析师对 $t = 1$ 期的预期每股股利为 $dps_1 = k \times eps_1$，k 为过去 3 年的平均股利支付率。固定的永久增长率 $g_p = \gamma - 1$ 反映的是在一个相当长时期内整个经济的平均增长水平，采用先前研究的做法，令 $\gamma - 1$ 为 5%。由于 OJ 模型只有在 $eps_1 > 0$ 和 $eps_2 > 0$ 时才有意义，故舍弃了未来 t = 1 期和 t = 2 期每股收益的分析师预测值为负的样本。

同时，控制了企业规模（Size）、资产负债率（Lev）、企业成长性（Growth）、股权集中度（Top）、盈利能力（Roa）、企业年龄（Age）[1]、企业应尽纳税义务（Tax）、管理层持股比例（Manhold）[2]、两职合一（Dual）[3]、债务水平（Debt）变量。

表 4 - 12 列示了税收征管数字化升级与企业债务资本成本、权益资本成本的回归结果。$Post \times Treat$ 与 Cost、R_e 的回归系数均为正数，但仅有 $Post \times Treat$ 与 Cost 的回归系数在 10% 的水平上显著。这反映了税收征管数字化升级显著提高了企业的债务资本成本，对企业的权益资本成本没有显著影响。税收征管数字化升级能显著提高企业债务资本成本，可能源于以下两方面的原因：一方面，税收征管数字化升级增加了企业的实际税负，为了降低企业"税痛"和弥补税款增加的损失，管理层会选择短期贷款的投机行为来维持企业日常经营所需的流动性开支（申明浩等，2023）；另一方面，企业实际税负的增加，减少了企业的留存收益和现金流，对企业财务的稳定性造成一定的冲击，并向外界释放出一种消极的信号，金融机构可能质疑企业是否有足够的偿付能力应对长期债务，进而在债务合同中增加更为严格的使用条件（申明浩等，2023）。税收征管数字化升级对企业的权益资本成本没有显著影响，这可能是源于公司治理对企业权益资本成本的影响不显著（孔玉生和马晓睿，2014），造成税收征管数字化升级的公司治理效应也无法显著影响企业的权益资本成本。

---

[1]　企业年龄用样本年份减企业成立年份后取自然对数表示。
[2]　管理层持股比例 = 董监高持股数量/总股数。
[3]　两职合一：董事长与总经理是否为同一人，同一人取值为 1，否则取值为 0。

表4-12　　税收征管数字化升级对企业融资成本影响的进一步测试结果

变量名称	Cost	R_e
Post × Treat	0. 0066 * (1. 88)	0. 0217 (0. 15)
Size	− 0. 0272 *** (− 5. 57)	0. 9328 *** (4. 15)
Lev	0. 2436 *** (17. 15)	3. 3137 *** (4. 65)
Growth	− 0. 0040 ** (− 2. 48)	− 0. 0505 (− 0. 65)
Top	− 0. 0257 ** (− 2. 35)	− 0. 9579 * (− 1. 94)
Roa	− 0. 1493 *** (− 10. 64)	0. 1922 (0. 23)
Age	0. 0201 *** (8. 81)	0. 4050 *** (4. 20)
Tax	− 0. 0084 *** (− 9. 00)	0. 0235 (0. 53)
Manhold	− 0. 0069 (− 0. 73)	0. 7577 * (1. 74)
Dual	0. 0011 (0. 52)	0. 0117 (0. 12)
Debt	0. 0636 *** (13. 80)	− 0. 4351 ** (− 2. 01)
Constant	− 0. 5609 *** (− 12. 49)	6. 8741 *** (3. 09)
Year	Yes	Yes
Industry	Yes	Yes
Province	Yes	Yes

变量名称	Cost	R_e
Firm	Yes	Yes
Observations	33358	20261
Number of id	4515	3877
R – squared	0.245	0.172

注：*、**和***分别表示10%、5%和1%的显著性水平，括号内为t统计值。

4.4 本章小结

本章选取2008~2022年我国A股非金融类上市公司为研究对象，以融资约束为切入点，采用我国"金税三期"工程这一准自然实验来刻画税收征管数字化升级，构建双重差分模型实证检验了税收征管数字化升级对企业融资约束的影响（如图4-4所示）。在异质性分析中，本章研究了不同行业、竞争程度和市场化进程下，税收征管数字化升级对企业融资约束的异质性影响。在进一步测试中，本章探究了税收征管数字化升级对企业融资规模和成本的影响。实证研究的结果显示：（1）税收征管数字化升级加剧了企业的融资约束。机制检验结果表明，税收征管数字化升级通过提高实际税负进而加剧企业融资约束。（2）在异质性分析中，揭示了税收征管数字化升级加剧企业融资约束这一效应对非新兴行业、行业竞争程度较高、处于市场化进程较低地区的企业更显著。（3）在进一步测试中，将融资规模区分为债权融资规模和股权融资规模，证实税收征管数字化升级降低了企业的债权融资规模和股权融资规模；将融资成本区分为债务资本成本和权益资本成本，发现税收征管数字化升级提高了企业的债务资本成本。（4）在稳健性检验中，采用平衡趋势假设检验、安慰剂检验、PSM-DID、排除"营改增"政策干扰四种方法，上述多元回归分析结果均与主测试结果一致。

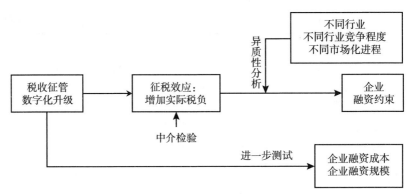

图 4-4　第 4 章实证分析框架

第 5 章　税收征管数字化升级对企业投资行为影响的实证分析

5.1　理论分析与假设提出

投资是企业资本运动的表现，可以使企业资本得到有效利用，有利于企业扩大市场和追求利润，直接关系到企业的长远发展和未来利益（董必荣和王璇，2022）。本章将从征税效应和治理效应两方面分析税收征管数字化升级对企业投资效率的影响。

从征税效应来看，"金税三期"工程最大化地运用了大数据、人工智能、云计算、区块链、5G 等数字技术手段，通过与海关、工商、银行和社保等第三方涉税信息的有机整合，能立体化地获取和呈现企业的涉税数据，极大地提高了税务机关的征税能力和征管效率。如增值税发票上的进项和销项等信息经过梳理测算，从微观层面可以非常实时、精准地反映企业经营状况；从中观层面可以深入、立体地展示产业链运行特点；从宏观层面则可以全面、系统地呈现经济发展态势（李旭红和周沛洋，2023）。在此基础上，税务机关将涉税数据进行交叉审核、行业比对及流程监控，能及时地发现企业可能的涉税风险，有效地压缩了纳税企业的逃税空间，促进了税收应缴尽缴，实质上推升了企业的实际税负（Li et al.，2020；Xiao et al.，2020；张克中等，2020；欧阳洁等，2023）。阿里等（Ali et al.，2015）以埃塞俄比亚为研究对象，实证发现该国电子税收系统的开发与应用，在提高政府对企业涉税信息监控的同时，也导致该国企业实际税率提升近 20 个百分点。企业实际税负的增加，不仅直接减少了企业的税后收益，而且间接挤占了企业可支配的现金流，使得企业投资更加理性、稳健，以尽可能让投资产生最大效益，实现投资效率的提升（欧阳洁等，2023）。

从治理效应来看，"金税三期"工程通过深化与海关、银行等跨部门信息共享和交流合作机制，对企业的涉税信息进行全面覆盖，使得不同来源的数据得以相互印证。同时，国家税务总局的《纳税信用管理办法》根据纳税企业信用历史信息、税务内部信息和外部信息等内容对纳税企业做出纳税信用评级，向全社会披露 A 级纳税人名单并实行动态更新。以上举措有效地改善了企业的信息环境，提高了企业信息的透明度，降低了所有者和管理者之间的委托代理成本和信息不对称程度。这一方面可以更精准地识别、监督并发现管理层侵占企业利益和隐藏负面消息等危害税源的行为，抑制企业管理层为了追求个人私利而进行的过度投资行为（李世刚和黄一松，2022），进而提升企业投资效率；另一方面可以使资本市场更加准确辨别纳税信用评级较高企业的发展潜力，充分发挥资源配置的基础性作用（李南海等，2023），实现企业投资效率的提升。此外，税务机关通过"数据＋规则＋人工智能"的组合处理，对纳税人进行精准画像，建立一体化的"识别—分析—处理—结果"的"政策找人"流程，分类、分时、分层向法定代表人、财务人员、办税人员推送税费优惠政策，确保政策红利精准及时送达企业。税收优惠政策的精准落地，有效地提升了企业的投资效率（欧阳洁等，2023）。

基于上述分析，税收征管数字化升级对企业投资效率的影响如图 5 – 1 所示。

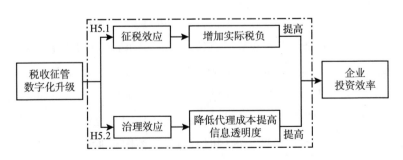

图 5 – 1 税收征管数字化升级对企业投资效率的影响机制

同时，本章提出如下假设。

假设 5.1：假定其他条件保持不变，税收征管数字化升级会提升企业投资效率。

5.2　变量定义与模型构建

5.2.1　变量定义

（1）被解释变量。

企业的投资效率（InvE）。该变量的衡量参考理查德森（Richardson，2006）的方法建立模型（5.1）：

$$InvE_t = \propto_0 + \propto_1 Growth_{t-1} + \propto_2 Lev_{t-1} + \propto_3 Cash_{t-1} + \propto_4 Age_{t-1} + \propto_5 Size_{t-1}$$
$$+ \propto_6 Ret_{t-1} + \propto_7 lnv_{t-1} + \sum Industry + \sum Year + \varepsilon \quad (5.1)$$

其中，$InvE_t$ 表示 t 年公司的实际新增投资支出 = 总投资 - 维持性投资 = [购建固定资产、无形资产和其他长期资产支付的现金 + 取得子公司及其他营业单位支付的现金净额 - 处置固定资产、无形资产和其他长期资产收回的现金净额 - 处置子公司及其他营业单位收到的现金净额 - （固定资产折旧 + 无形资产摊销 + 长期待摊费用摊销）]/年初总资产；$Growth_{t-1}$ 表示 t-1 年公司的成长机会，用托宾 Q 表示；Age_{t-1} 表示 t-1 年时公司的年龄，用观测年度减去 IPO 年度表示；Lev_{t-1} 表示 t-1 年公司的财务杠杆率，用资产负债率表示；$Cash_{t-1}$ 表示 t-1 年公司的现金流状况，用经营活动产生的现金流量净额/年初总资产表示；$Size_{t-1}$ 表示 t-1 年公司的资产规模，用总资产的自然对数表示；Ret_{t-1} 表示 t-1 年公司的股票收益率，用考虑现金红利再投资的年个股回报率表示；lnv_{t-1} 表示 t-1 年的新增投资支出；$\sum Industry$ 表示行业虚拟变量，参考证监会 2012 年行业标准，制造业"C"字头代码取 2 位，其他行业取 1 位，进行行业分类；$\sum$Year 表示年份虚拟变量；ε 为模型估计的残差。

对模型（5.1）分年度进行 OLS 回归，求得模型的残差。模型（5.1）估计的残差绝对值为投资效率，残差绝对值越大，意味着投资效率越低；反之，残差的绝对值越小，说明公司投资效率越高。残差为正属于过度投资，残差为负属于投资不足。

（2）解释变量。

税收征管数字化升级的政策效应（Post×Treat），具体度量方法见第 4 章，此处不再赘述。

（3）控制变量。

控制变量包括企业规模（Size）、资产负债率（Lev）、企业成长性（Growth）、股权集中度（Top）、盈利能力（Roe）、经营活动净现金流（Cfit）、固定资产比率（Far）、无形资产比率（Iar）、存货比率（Inr）、债务水平（Debt）、经济发展水平（Pgdp）。

主要变量的说明详见表 5 - 1。

表 5 - 1　　　　　　　　　　　　主要变量说明

变量类型	变量名称	变量符号	变量度量
被解释变量	投资效率	InvE	Richardson 模型
解释变量	税收征管数字化升级的政策效应	Post×Treat	"金税三期"工程是否上线的虚拟变量
控制变量	企业规模	Size	总资产取自然对数
	资产负债率	Lev	年末负债总额/年末资产总额
	企业成长性	Growth	营业收入增长率
	股权集中度	Top	第一大股东持股比例
	盈利能力	Roe	净资产收益率
	经营活动净现金流	Cfit	经营活动产生的现金流净额/总资产

变量类型	变量名称	变量符号	变量度量
控制变量	固定资产比率	Far	固定资产/总资产
	无形资产比率	Iar	无形资产/总资产
	存货比率	Inr	存货/总资产
	债务水平	Debt	总负债取自然对数
	经济发展水平	Pgdp	人均地区生产总值取自然对数

5.2.2　模型构建

为了验证税收征管数字化升级对企业投资行为的影响，本章借鉴欧阳洁等（2023）的研究，运用多期双重差分法，构建模型（5.2）进行检验：

$$InvE_{ijct} = \alpha_0 + \alpha_1 Post_{jt} \times Treat_{jt} + \alpha_2 \sum Control_{ijct} + \mu_i + \delta_j + \theta_c + \tau_t + \varepsilon_{ijct}$$

$$(5.2)$$

其中，模型（5.2）中的被解释变量是企业投资效率，解释变量为税收征管数字化升级的政策效应，Control 表示控制变量；i 为企业，j 为地区，c 为行业，t 为年份；μ_i 表示企业个体固定效应，δ_j 表示地区固定效应，θ_c 表示行业固定效应，τ_t 表示时间固定效应，ε_{ijct} 为随机误差项。

5.3　实证分析与结果描述

5.3.1　样本选择与数据来源

本章选取 2008～2022 年我国 A 股上市公司为研究样本，剔除金融业、ST 类、*ST 类以及相关指标缺失的企业后剩余 33860 个样本。本章研究数据来自国泰安数据库（CSMAR）和国家统计局网站，主要变量进行了 1%

和 99% 分位上的缩尾处理，并使用 Stata15.0 软件对数据进行处理和统计分析。

5.3.2　描述性统计

表 5 - 2 显示了主要变量的描述性统计结果。被解释变量投资效率（InvE）的最大值为 0.306，最小值为 0.001，均值为 0.041，说明样本上市公司的投资效率尚可，这与叶康涛和刘行（2011）的研究基本一致。过度投资（Overinv）的均值和标准差分别是 0.051 和 0.070，投资不足（Underinv）的均值和标准差分别是 - 0.035 和 0.037，这印证了在企业的两种非效率投资行为中，投资过度现象要更严重。解释变量税收征管数字化升级的政策效应（Post × Treat）的均值为 0.568，表明在样本期间共有56.8% 的上市公司受到了 "金税三期" 工程的影响。在控制变量方面，企业规模（Size）的最大值为 26.280，最小值为 19.830，标准差为 1.299，表明样本上市公司的资产规模存在显著差别。资产负债率（Lev）的平均数为 0.448，说明样本上市公司的偿债能力普遍较强。企业成长性（Growth）的最大值为 2.605，最小值为负数，反映样本上市公司之间的成长性差距较大。股权集中度（Top）的最大值为 0.741，最小值为 0.085，体现了样本上市公司之间股权集中程度的差异。盈利能力（Roe）最高为0.371，最低为负数，表明样本上市公司的盈利能力较弱。经营活动净现金流（Cfit）的最大值为 0.248，最小值为负数，体现了样本上市公司之间的收现能力相距甚远。固定资产比率（Far）的最大值为 0.704，最小值为 0.002，说明不同类型的样本上市公司固定资产比例相差较大。无形资产比率（Iar）的均值为 0.047，表明样本上市公司平均无形资产占比4.7%，进一步说明样本上市公司仍保持传统的生产方式，高科技和专利技术的投入不足。存货比率（Inr）的最大值和最小值分别为 0.722 和0.000，表明样本上市公司的存货周转率差距较大，部分公司出现存货积压或滞销现象。债务水平（Debt）的平均值、最小值和最大值分别为 21.350、17.820、25.890，分别小于企业的总资产取自然对数的平均值、最小值和

最大值，证明上市企业出现资不抵债的情况并不多，资产状况普遍良好。经济发展水平（Pgdp）的最大值和最小值分别为 2.931 和 0.519，反映了不同地区经济发展水平存在较大差距。

表 5 - 2 主要变量的描述性统计结果

变量名称	N	mean	sd	min	p25	p50	p75	max
InvE	33860	0.041	0.050	0.001	0.011	0.025	0.049	0.306
Overinv	13232	0.051	0.070	0.000	0.010	0.026	0.061	0.425
Underinv	20628	− 0.035	0.037	− 0.217	− 0.044	− 0.025	− 0.012	− 0.001
Post × Treat	33860	0.568	0.495	0.000	0.000	1.000	1.000	1.000
Size	33860	22.290	1.299	19.830	21.370	22.110	23.030	26.280
Lev	33860	0.448	0.202	0.064	0.290	0.445	0.599	0.898
Growth	33860	0.164	0.414	− 0.588	− 0.034	0.101	0.263	2.605
Top	33860	0.339	0.149	0.085	0.223	0.316	0.440	0.741
Roe	33860	0.057	0.145	− 0.738	0.024	0.068	0.120	0.371
Cfit	33860	0.047	0.070	− 0.166	0.008	0.046	0.088	0.248
Far	33860	0.220	0.164	0.002	0.091	0.187	0.314	0.704
Iar	33860	0.047	0.053	0.000	0.017	0.033	0.058	0.337
Inr	33860	0.150	0.141	0.000	0.059	0.115	0.189	0.722
Debt	33860	21.350	1.630	17.820	20.220	21.220	22.370	25.890
Pgdp	33860	1.901	0.538	0.519	1.547	1.931	2.286	2.931

5.3.3 多元回归分析

表 5 - 3 列示了税收征管数字化升级与企业投资效率的基准回归结果。Post × Treat 与 InvE 的回归系数为 − 0.0061，且在 1% 的水平上显著，假设 5.1 得到验证，反映了税收征管数字化升级提升了企业投资效率。Post × Treat 与 Overinv 的回归系数在 10% 水平上显著为负，与 Underinv 的回归系数在 1% 的水平上显著为正，表明税收征管数字化升级通过抑制过度投资

和投资不足两方面提高了企业的投资效率。税收征管数字化升级有助于降低企业的信息不对称程度，吸引更多的媒体、分析师和投资者的关注。而较高的关注度能够发挥良好的监督效应，抑制管理层的盈余管理、财务舞弊等机会主义行为，并约束管理层隐藏负面信息和选择性信息披露的行为，从而缓解高管为构建商业帝国的过度投资动机和为安稳度日的投资不足倾向（靳毓等，2022），提高企业投资效率。

表 5－3　　　税收征管数字化升级与企业投资效率的基准回归结果

变量名称	InvE	Overinv	Underinv
Post × Treat	−0.0061 *** (−4.06)	−0.0066 * (−1.84)	0.0055 *** (3.80)
Size	−0.0046 ** (−2.15)	−0.0220 *** (−4.07)	−0.0009 (−0.44)
Lev	0.0102 * (1.68)	−0.0363 ** (−2.45)	−0.0218 *** (−3.67)
Growth	0.0133 *** (19.69)	0.0255 *** (16.90)	−0.0054 *** (−7.62)
Top	−0.0041 (−0.98)	0.0139 (1.45)	0.0121 *** (2.86)
Roe	0.0279 *** (11.66)	0.0355 *** (5.65)	−0.0200 *** (−8.82)
Cfit	−0.0348 *** (−7.65)	−0.0218 * (−1.96)	0.0353 *** (8.02)
Far	−0.0626 *** (−17.23)	−0.1285 *** (−15.24)	−0.0033 (−0.88)
Iar	0.0650 *** (7.07)	0.1306 *** (6.45)	−0.0131 (−1.36)
Inr	−0.0752 *** (−17.81)	−0.1184 *** (−11.86)	0.0418 *** (9.99)
Debt	0.0043 ** (2.12)	0.0299 *** (5.73)	0.0051 *** (2.58)

变量名称	InvE	Overinv	Underinv
Pgdp	0.0099 ** (2.03)	0.0264 ** (2.35)	− 0.0055 (− 1.12)
Constant	0.0872 *** (4.53)	− 0.0342 (− 0.74)	− 0.1313 *** (− 6.87)
Year	Yes	Yes	Yes
Industry	Yes	Yes	Yes
Province	Yes	Yes	Yes
Firm	Yes	Yes	Yes
Observations	33860	13232	20628
Number of id	4024	3561	3758
R − squared	0.100	0.132	0.115

注：* 、** 和 *** 分别表示 10%、5% 和 1% 的显著性水平，括号内为 t 统计值。

5.3.4　稳健性检验

5.3.4.1　平衡趋势假设检验

在采用多重差分模型估计之前，需对处理组与对照组在投资效率方面的差异进行平衡趋势假设检验，即检验两组企业投资效率的差异是否在"金税三期"工程实施之前就已存在。本部分借鉴雅各布森等（Jacobson et al.，1993）的方法，将模型（5.2）中的自变量换成表示"金税三期"工程实施前两年、前一年、当年、后一年、后两年、后三年、后四年及以后年度的哑变量，即 PRE_2、PRE_1、CUR_0、AFT_1、AFT_2、AFT_3、AFT_4，同时控制模型（5.2）中所涉及的控制变量，因变量不变。估计结果如表 5 − 4 和图 5 − 2 所示，PRE_2、PRE_1 的系数估计值均不显著，而 CUR_0、AFT_1、AFT_2、AFT_3、AFT_4 的系数估计值均显著为负，结果通过了平行趋势假设检验。

表5-4   税收征管数字化升级与企业投资效率的平衡趋势假设检验结果

变量名称	PRE$_2$	PRE$_1$	CUR$_0$	AFT$_1$	AFT$_2$	AFT$_3$	AFT$_4$
结果	-0.0017 (-1.04)	-0.0023 (-1.13)	-0.0085*** (-3.48)	-0.0099*** (-3.46)	-0.0120*** (-3.67)	-0.0144*** (-3.96)	-0.0149*** (-3.58)

变量名称	Control- variables	Year	Industry	Province	Firm	Observa- tions	R-squared
结果	控制	控制	控制	控制	控制	33860	0.101

注：*、** 和 *** 分别表示 10%、5% 和 1% 的显著性水平，括号内为 t 统计量。

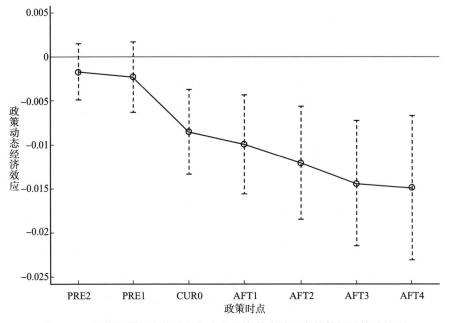

图5-2 税收征管数字化升级与企业投资效率的平衡趋势假设检验结果

5.3.4.2 安慰剂检验

为了排除本章的基准回归结果是由偶然性或随机性因素，而并非由"金税三期"工程的实施所致这一担忧，本部分借鉴柴提等（Chetty et al.，2009）的做法，随机将"金税三期"工程分配给企业生成新的实验组和控制组，重复这一过程 200 次，进行反事实估计。估计的结果如

图 5 - 3 所示，随机分配的"金税三期"变量的回归系数都在 0 附近，说明本部分构造的虚拟政策效应并不存在。因此，本章的基准回归结果并非偶然性或随机性因素所致。

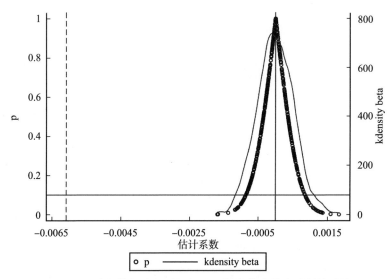

图 5 - 3　税收征管数字化升级与企业投资效率的安慰剂检验结果

5.3.4.3　PSM - DID

本部分采用 PSM 解决税收征管数字化升级与企业投资效率之间可能存在的内生性问题。首先，借鉴孙雪娇等（2021）的做法，选择企业规模、资产负债率、企业成长性、第一大股东持股比例、盈利能力、经营活动净现金流、企业年龄、实际税率作为协变量，使用 Probit 模型估算倾向得分值，进行 1∶1 不放回配对。而后，使用配对出的子样本重新放入模型（5.2）中进行回归检验。检验结果如表 5 - 5 所示，Post × Treat 与 InvE、Overinv、Underinv 的回归系数分别为 - 0.0060、- 0.0070、0.0055，各自在 1%、10% 和 1% 的水平上显著，因此本章的基本结论仍保持不变。

表5-5　税收征管数字化升级与企业投资效率的 PSM－DID 检验结果

变量名称	InvE	Overinv	Underinv
Post × Treat	-0.0060 *** (-4.02)	-0.0070 * (-1.95)	0.0055 *** (3.76)
Size	-0.0034 (-1.58)	-0.0216 *** (-3.96)	-0.0019 (-0.92)
Lev	0.0118 * (1.92)	-0.0358 ** (-2.40)	-0.0233 *** (-3.86)
Growth	0.0134 *** (19.81)	0.0258 *** (17.05)	-0.0055 *** (-7.80)
Top	-0.0066 (-1.56)	0.0104 (1.07)	0.0135 *** (3.13)
Roe	0.0272 *** (11.30)	0.0333 *** (5.25)	-0.0196 *** (-8.57)
Cfit	-0.0345 *** (-7.55)	-0.0209 * (-1.87)	0.0349 *** (7.89)
Far	-0.0624 *** (-17.10)	-0.1274 *** (-15.02)	-0.0028 (-0.74)
Iar	0.0653 *** (7.08)	0.1303 *** (6.41)	-0.0140 (-1.46)
Inr	-0.0747 *** (-17.66)	-0.1174 *** (-11.73)	0.0416 *** (9.91)
Debt	0.0035 * (1.67)	0.0299 *** (5.69)	0.0059 *** (2.96)
Pgdp	0.0092 * (1.86)	0.0250 ** (2.22)	-0.0051 (-1.03)
Constant	0.0799 *** (4.12)	-0.0417 (-0.90)	-0.1290 *** (-6.68)
Year	Yes	Yes	Yes
Industry	Yes	Yes	Yes

续表

变量名称	InvE	Overinv	Underinv
Province	Yes	Yes	Yes
Firm	Yes	Yes	Yes
Observations	33558	13108	20450
Number of id	4023	3551	3758
R – squared	0.100	0.133	0.115

注：＊、＊＊和＊＊＊分别表示 10%、5% 和 1% 的显著性水平，括号内为 t 统计值。

5.3.4.4　替换被解释变量

为进一步确保基本结论的正确和稳健，本章利用已有文献中对投资效率的不同度量方法，替换该变量后再放入模型（5.2）中进行回归。投资效率的衡量包括如下两种：第一种参考比德尔等（Biddle et al.，2009）的做法，建立模型（5.3）进行分年度分行业回归，所得残差的绝对值为企业投资效率，以 InvE_Biddle 表示。残差绝对值越高，投资效率越低。

$$\mathrm{Invest}_{i,t} = \beta_0 + \beta_1 \mathrm{Growth}_{i,t-1} + \sigma_{i,t} \tag{5.3}$$

其中，Invest 表示公司的实际新增投资支出 =［购建固定资产、无形资产和其他长期资产支付的现金 + 取得子公司及其他营业单位支付的现金净额 – 处置固定资产、无形资产和其他长期资产收回的现金净额 – 处置子公司及其他营业单位收到的现金净额 –（固定资产折旧、油气资产折耗、生产性生物资产折旧 + 无形资产摊销 + 长期待摊费用摊销）］/年初总资产；Growth 表示公司成长机会，等于营业收入增长率。

第二种参考陈峰等（Chen et al.，2011）的做法，建立模型（5.4）进行分年度分行业回归，所得残差的绝对值为企业投资效率，以 InvE_Chen 表示。残差绝对值越高，投资效率越低。

$$\mathrm{Invest}_{i,t} = \beta_0 + \beta_1 \mathrm{Growth}_{i,t-1} + \beta_2 \mathrm{NEG}_{i,t-1} + \beta_3 \mathrm{Growth}_{i,t-1} \times \mathrm{NEG}_{i,t-1} + \sigma_{i,t}$$

$$\tag{5.4}$$

其中，Invest 和 Growth 具体度量方法同模型（5.3），此处不再赘述；NEG 表示虚拟变量，当营业收入增长率小于零时取 1，否则取 0。

回归结果如表 5 - 6 所示，无论采用比德尔等（Biddle et al. ，2009）的度量，还是采用陈峰等（Chen et al. ，2011）的度量，Post × Treat 的回归系数均显著为负。可见，税收征管数字化升级能提高投资效率的结论依旧稳健。

表 5 - 6 税收征管数字化升级与企业投资效率的稳健性检验结果

变量名称	替换被解释变量		排除"营改增"政策干扰
	InvE_Biddle	InvE_Chen	InvE
Post × Treat	- 0. 0061 *** (- 2. 59)	- 0. 0044 * (- 1. 83)	- 0. 0049 *** (- 3. 16)
Size	- 0. 0104 *** (- 2. 86)	- 0. 0113 *** (- 3. 07)	- 0. 0054 ** (- 2. 34)
Lev	- 0. 0224 ** (- 2. 02)	- 0. 0237 ** (- 2. 12)	0. 0144 ** (2. 22)
Growth	0. 0126 *** (10. 83)	0. 0122 *** (10. 41)	0. 0128 *** (18. 13)
Top	0. 0074 (0. 86)	0. 0024 (0. 28)	- 0. 0041 (- 0. 93)
Roe	0. 0265 *** (4. 64)	0. 0276 *** (4. 81)	0. 0296 *** (11. 46)
Cfit	- 0. 0101 (- 1. 27)	- 0. 0101 (- 1. 25)	- 0. 0359 *** (- 7. 54)
Far	- 0. 0973 *** (- 14. 23)	- 0. 0987 *** (- 14. 35)	- 0. 0691 *** (- 17. 71)
Iar	0. 0481 ** (2. 54)	0. 0505 *** (2. 65)	0. 0778 *** (7. 51)
Inr	- 0. 0788 *** (- 9. 65)	- 0. 0778 *** (- 9. 47)	- 0. 0775 *** (- 17. 55)
Debt	0. 0178 *** (5. 22)	0. 0185 *** (5. 40)	0. 0042 * (1. 89)

续表

变量名称	替换被解释变量		排除"营改增"政策干扰
	InvE_Biddle	InvE_Chen	InvE
Pgdp	0.0078 (0.82)	0.0065 (0.68)	0.0115 ** (2.25)
Constant	- 0.0550 (- 1.35)	- 0.0517 (- 1.27)	0.1031 *** (5.01)
Year	Yes	Yes	Yes
Industry	Yes	Yes	Yes
Province	Yes	Yes	Yes
Firm	Yes	Yes	Yes
Observations	14570	14570	30169
R - squared	0.097	0.096	0.095
Number of id	2682	2682	3621

注：*、** 和 *** 分别表示 10%、5% 和 1% 的显著性水平，括号内为 t 统计值。

5.3.4.5 排除"营改增"政策干扰

为了缓解"营改增"政策对实证结果的干扰，本书参照张玉明等（2023）的做法，将受到"营改增"政策影响最大的现代服务业和交通运输业企业从研究样本中剔除，以观察缓解了"营改增"政策影响后的回归结果。从表 5-6 的结果来看，Post × Treat 的系数仍然保持显著，说明本章结果较为稳健。

5.3.5 作用机制检验

在模型（5.2）的基础上，本部分构造了检验模型（5.5），借鉴温忠麟等（2004）提出的中介效应检验程序来验证实际税负、代理成本、信息透明度在税收征管数字化升级与企业投资效率两者之间的中介效应。具体的检验步骤如下：第一，检验税收征管数字化升级与实际税负、税收征管数字化升级与代理成本、税收征管数字化升级与信息透明度的关系，见模型（5.5）。第二，依次检验税收征管数字化升级、实际税负与企业投资效率的关系，税收征管数字化升级、代理成本与企业投资效率的关系，税收征管数字化升级、信息透明度与企业投资效率的关系，见模型（5.6）。第三，判断模型（5.6）中税收征管数字化升级这一自变量的回归系数，若其回归系数 γ_1 不显著，则说明实际税负、代理成本、信息透明度存在完全中介效应；若其回归系数 γ_1 显著，但低于第一步骤模型（5.2） α_1 的值，则说明实际税负、代理成本、信息透明度存在部分中介效应。

$$\mathrm{ETR/Acost/Dd}_{ijct} = \beta_0 + \beta_1\,\mathrm{Post}_{jt} \times \mathrm{Treat}_{jt} + \beta_2 \sum \mathrm{Control}_{ijct}$$
$$+ \mu_i + \delta_j + \theta_c + \tau_t + \varepsilon_{ijct} \tag{5.5}$$

$$\mathrm{InvE}_{ijct} = \gamma_0 + \gamma_1\,\mathrm{Post}_{jt} \times \mathrm{Treat}_{jt} + \gamma_2\,\mathrm{ETR/Acost/Dd}_{ijct}$$
$$+ \gamma_3 \sum \mathrm{Control}_{ijct} + \mu_i + \delta_j + \theta_c + \tau_t + \varepsilon_{ijct} \tag{5.6}$$

中介变量包括实际税负（ETR）、代理成本（Acost）和信息透明度（Dd）。对于实际税负和信息透明度的衡量，详见第 4 章。对于代理成本的衡量，本章借鉴权小锋等（2018）的研究，采用期末管理费用与营业收入的比值衡量代理成本。该比值越大，表明企业面临的代理成本越高。

表 5 - 7 列示了税收征管数字化升级与企业投资效率的作用机制检验结果。就实际税负这一作用机制而言，列（1）反映了税收征管数字化升级与实际税负的回归结果，Post × Treat 的回归系数为 0.0124，且在 5% 的水平上显著，说明税收征管数字化升级显著增加了企业的实际税负。列（2）反映了税收征管数字化升级、实际税负与企业投资效率的回归结果，ETR 的回归系数不显著，说明实际税负在税收征管数字化升级与企业投资效率之间的中介作用未予以证实。就代理成本这一作用机制而言，列（3）反映了税收征管数字化升级与代理成本的回归结果，Post × Treat 的回归系数为 - 0.0039，且在 1% 的水平上显著，说明税收征管数字化升级显著降低了企业的代理成本。列（4）反映了税收征管数字化升级、代理成本与企业投资效率的回归结果，Acost 的回归系数在 1% 的水平上显著为正；

Post × Treat 的回归系数为 − 0.0057，在 1% 的水平上显著，该系数的绝对值小于表 5 − 3 基准回归中对应的系数 0.0061。以上结果表明代理成本在税收征管数字化升级与企业投资效率之间发挥着部分中介作用。就信息透明度这一作用机制而言，列（5）反映了税收征管数字化升级与信息透明度的回归结果，Post × Treat 的回归系数为 − 0.0080，在 5% 的水平上显著，说明税收征管数字化升级显著提高了企业信息的透明度。列（6）反映了税收征管数字化升级、信息透明度与企业投资效率的回归结果，Dd 的回归系数在 1% 的水平上显著为正；Post × Treat 的回归系数为 − 0.0057，在 1% 的水平上显著，该系数的绝对值小于表 5 − 3 基准回归中对应的系数 0.0061。以上结果表明信息透明度在税收征管数字化升级与企业投资效率之间发挥着部分中介作用。信息不对称与委托代理问题是引发企业非效率投资行为的重要原因（戴罗仙和蔡颖源，2022），而税收征管数字化升级约束了管理层的自利投资行为，改善了企业复杂且不透明的交易状况。因此，代理成本和信息透明度在税收征管数字化升级与企业投资效率之间发挥着中介作用。

表 5 − 7　　税收征管数字化升级与企业投资效率的作用机制检验结果

变量名称	（1）	（2）	（3）	（4）	（5）	（6）
	ETR	InvE	Acost	InvE	Dd	InvE
Post × Treat	0.0124 ** (2.15)	− 0.0064 *** (− 4.31)	− 0.0039 *** (− 2.85)	− 0.0057 *** (− 3.83)	− 0.0080 ** (− 2.20)	− 0.0057 *** (− 3.72)
ETR		− 0.0013 (− 0.85)				
Acost				0.0943 *** (14.95)		
Dd						0.0266 *** (10.38)
Size	0.0167 ** (2.01)	− 0.0052 ** (− 2.44)	0.0156 *** (7.94)	− 0.0061 *** (− 2.85)	0.0117 ** (2.12)	− 0.0043 * (− 1.85)
Lev	0.0103 (0.44)	0.0087 (1.43)	0.0674 *** (12.16)	0.0038 (0.63)	0.0558 *** (3.57)	0.0105 (1.62)

续表

变量名称	（1）	（2）	（3）	（4）	（5）	（6）
	ETR	InvE	Acost	InvE	Dd	InvE
Growth	−0.0037 （−1.43）	0.0133*** （19.69）	−0.0204*** （−32.98）	0.0152*** （22.22）	0.0590*** （34.40）	0.0115*** （15.70）
Top	0.0186 （1.15）	−0.0036 （−0.86）	−0.0010 （−0.26）	−0.0040 （−0.96）	0.0307*** （2.83）	−0.0079* （−1.74）
Roe	0.2534*** （27.32）	0.0275*** （11.32）	−0.0660*** （−30.16）	0.0341*** （14.10）	−0.0124** （−1.97）	0.0282*** （10.72）
Cfit	−0.0163 （−0.93）	−0.0348*** （−7.67）	−0.0642*** （−15.40）	−0.0288*** （−6.31）	−0.0598*** （−5.11）	−0.0377*** （−7.73）
Far	−0.0125 （−0.89）	−0.0639*** （−17.61）	−0.0019 （−0.58）	−0.0624*** （−17.24）	−0.0862*** （−9.25）	−0.0595*** （−15.29）
Iar	0.0059 （0.17）	0.0654*** （7.12）	0.0861*** （10.24）	0.0569*** （6.20）	−0.0474** （−1.98）	0.0580*** （5.79）
Inr	0.0661*** （4.06）	−0.0742*** （−17.60）	−0.0624*** （−16.15）	−0.0693*** （−16.40）	−0.0286*** （−2.63）	−0.0724*** （−15.95）
Debt	−0.0044 （−0.55）	0.0049** （2.39）	−0.0317*** （−16.90）	0.0073*** （3.58）	−0.0176*** （−3.33）	0.0042* （1.90）
Pgdp	−0.0749*** （−3.98）	0.0094* （1.93）	0.0164*** （3.66）	0.0084* （1.72）	0.0176 （1.43）	0.0079 （1.54）
Constant	−0.0379 （−0.51）	0.0916*** （4.76）	0.3548*** （20.14）	0.0538*** （2.79）	0.1338*** （2.71）	0.0880*** （4.27）
Year	Yes	Yes	Yes	Yes	Yes	Yes
Industry	Yes	Yes	Yes	Yes	Yes	Yes
Province	Yes	Yes	Yes	Yes	Yes	Yes
Firm	Yes	Yes	Yes	Yes	Yes	Yes
Observations	33762	33762	33860	33860	30268	30268
Number of id	4023	4023	4024	4024	3685	3685
R−squared	0.048	0.100	0.238	0.107	0.109	0.098

注：*、**和***分别表示10%、5%和1%的显著性水平，括号内为t统计值。

5.3.6　异质性分析

5.3.6.1　企业所有权性质的异质性

相对于国有企业而言，民营企业的所有权性质使其面临的现金流压力和融资约束压力较大，对实际税负增加的反应将更加敏感（欧阳洁等，2022）。税收征管数字化升级后，民营企业的实际税负增加，直接减少了其税后收益，间接挤占了其可支配的现金流，在一定程度上促使民营企业的投资更加理性、稳健。因此，本部分预期税收征管的数字化升级会更多地影响民营企业的投资效率。

为了验证上述预期，本部分根据企业所有权性质划分为国有企业、民营企业两类回归样本，分样本回归结果如表 5 - 8 所示，在国有企业样本中，Post × Treat 的回归系数仍为负值，但是不显著；而在民营企业样本中，Post × Treat 的回归系数则在 1% 水平上显著为负。可见，税收征管数字化升级提升投资效率这一效应对民营企业更为明显。可能的原因在于：一方面，国有企业相比民营企业而言，更易获得税收优惠和商业信用融资，在投资活动中面临着较低的融资约束，那么对投资的理性和稳健性影响较小；另一方面，国有企业的投资活动既受市场因素驱动，又受社会政治等非市场因素的影响，往往要承担更多的社会责任，因而可能投资一些社会效益较高而经济效益较低的项目。因此，税收征管数字化升级提升投资效率这一效应对国有企业的影响更不显著。

表 5 - 8　　　　　　依据企业所有权性质分组的异质性检验结果

变量名称	国有企业组	民营企业组
Post × Treat	− 0. 0001 （− 0. 05）	− 0. 0103 *** （− 4. 70）
Size	− 0. 0094 ** （− 2. 57）	− 0. 0014 （− 0. 47）

续表

变量名称	国有企业组	民营企业组
Lev	0.0036 (0.38)	0.0249 *** (2.90)
Growth	0.0068 *** (7.15)	0.0159 *** (16.74)
Top	−0.0083 (−1.45)	0.0018 (0.27)
Roe	0.0250 *** (7.41)	0.0280 *** (8.12)
Cfit	−0.0273 *** (−4.48)	−0.0370 *** (−5.59)
Far	−0.0468 *** (−10.21)	−0.0792 *** (−13.84)
Iar	0.0572 *** (4.79)	0.0912 *** (6.42)
Inr	−0.0643 *** (−10.66)	−0.0793 *** (−12.79)
Debt	0.0063 * (1.77)	0.0023 (0.82)
Pgdp	0.0122 ** (2.21)	0.0154 * (1.71)
Constant	0.1234 *** (4.85)	0.0530 * (1.74)
Year	Yes	Yes
Industry	Yes	Yes
Province	Yes	Yes
Firm	Yes	Yes
Observations	13782	19464
Number of id	1388	2941
R − squared	0.080	0.120

注：* 、** 和 *** 分别表示10%、5%和1%的显著性水平，括号内为 t 统计值。

5.3.6.2　政治关联的异质性

一般而言，政治资源越丰富的企业，越会利用其政治关联取得更多合法的税收优惠政策，以抵减税收征管数字化升级带来的企业实际税收的增加（田彬彬等，2018）。无政治关联的企业由于缺乏相应的政治资源，难以通过这一途径缓解税收征管数字化升级带来的征税效应，在可支配现金减少的情况下必将更加谨慎利用资金，以提高投资效率。因此，本部分预期税收征管的数字化升级对企业投资效率的提升作用在无政治关联的样本企业中更显著。

政治关联的度量参照贾明和张喆（2010）的做法，若企业董事长或总经理曾经或当前在中央和各级地方政府、法院、检察院任职，或者曾经担任各级人大代表以及政协委员，则认定为有政治关联，否则认定为无政治关联。为了验证上述预期，本部分根据有无政治关联分组后的异质性检验结果如表 5 - 9 所示，存在政治关联的企业样本中，Post × Treat 的回归系数仍为负值，但是不显著；而不存在政治关联的企业样本中，Post × Treat 的回归系数则在 1% 水平上显著为负。可见，税收征管的数字化升级对企业投资效率的提升作用在无政治关联组中更为显著。

表 5 - 9　　　　　　依据有无政治关联分组的异质性检验结果

变量名称	有政治关联组	无政治关联组
Post × Treat	- 0.0026 (- 0.97)	- 0.0063 *** (- 3.29)
Size	- 0.0051 (- 1.17)	- 0.0052 * (- 1.76)
Lev	0.0121 (0.95)	0.0145 * (1.77)
Growth	0.0096 *** (7.27)	0.0143 *** (16.45)
Top	0.0066 (0.69)	- 0.0158 *** (- 2.69)

续表

变量名称	有政治关联组	无政治关联组
Roe	0. 0269 *** (5. 29)	0. 0298 *** (9. 64)
Cfit	− 0. 0321 *** (− 3. 72)	− 0. 0391 *** (− 6. 42)
Far	− 0. 0761 *** (− 9. 99)	− 0. 0677 *** (− 13. 67)
Iar	0. 0578 *** (3. 11)	0. 0790 *** (6. 14)
Inr	− 0. 0876 *** (− 9. 51)	− 0. 0662 *** (− 11. 40)
Debt	0. 0046 (1. 11)	0. 0045 (1. 62)
Pgdp	− 0. 0087 (− 0. 88)	0. 0187 *** (2. 75)
Constant	0. 0953 ** (2. 21)	0. 0651 ** (2. 37)
Year	Yes	Yes
Industry	Yes	Yes
Province	Yes	Yes
Firm	Yes	Yes
Observations	10097	21043
Number of id	1800	3205
R − squared	0. 092	0. 105

注： * 、 ** 和 *** 分别表示 10% 、5% 和 1% 的显著性水平，括号内为 t 统计值。

5.3.6.3 内部治理水平的异质性

本部分从内部控制和公司治理两方面阐述因内部治理水平的差异对税

收征管数字化升级与企业投资效率两者关系的不同影响。一方面，高质量的内部控制不仅有助于各类信息在企业内部实现有效、及时的传递，便于管理层迅速捕获投资机会、降低投资决策信息的不确定性（杨刚和喻彪，2023），而且有助于规范企业内部决策流程、制约管理层权力、避免"内部人控制"的问题（严涣和肖卫国，2022），进而抑制管理层的非效率投资行为。税收征管数字化升级降低了代理成本，提升了信息透明度，当这一外部激励与企业高质量的内部控制共同作用时，能显著改善此类企业的投资效率。另一方面，有效的公司治理能通过内外部制度机制协调公司与利益相关者之间的关系，缓解代理问题导致的管理层与股东之间的利益冲突，以保证公司的合理科学决策，抑制公司的非效率投资行为（林树和葛逸云，2023）。公司治理水平越高，管理层越能预判税收征管数字化升级带来的后果并作出理性的投资决策，越会提升投资效率。因此，本部分预期税收征管的数字化升级对企业投资效率的提升作用在内部治理水平高的样本企业中更显著。

为了验证上述预期，本部分采用以下两种方法衡量企业的内部治理水平：第一，内部控制水平，采用迪博中国上市公司内部控制信息披露指数除以 100 后的数值来衡量企业内部控制质量，该值越大，内部治理水平越高。第二，公司治理指数，参考张学勇和廖理（2010）的研究，选取高管薪酬、高管持股比例、独董比例、董事会规模、机构持股比例、股权制衡度和董事长与总经理是否两职合一这七个指标，通过主成分分析后以第一大主成分得分作为反映企业内部治理水平的指标，该指标得分越高，表示内部治理水平越高。本部分运用分组回归方法，根据行业计算的中位数分组，大于中位数的组定义为内部治理水平较高组，否则为较低组。分组后的异质性检验结果如表 5 - 10 所示，在内部控制质量（公司治理水平）更高的样本中，Post × Treat 的回归系数在 1% 水平上显著为负；而在内部控制质量（公司治理水平）更低的样本中，Post × Treat 的回归系数虽为负，但不显著。可见，税收征管数字化升级对企业投资效率的提升作用在内部治理水平高组中更为显著。

表 5 - 10　　　　依据内部治理水平高低分组的异质性检验结果

变量名称	内部控制质量高组	内部控制质量低组	公司治理水平高组	公司治理水平低组
Post × Treat	− 0. 0084 *** (− 4. 13)	− 0. 0013 (− 0. 49)	− 0. 0116 *** (− 4. 86)	− 0. 0006 (− 0. 32)
Size	− 0. 0080 *** (− 2. 60)	0. 0032 (0. 81)	0. 0004 (0. 13)	− 0. 0147 *** (− 4. 37)
Lev	− 0. 0011 (− 0. 12)	0. 0374 *** (3. 42)	0. 0270 *** (2. 78)	− 0. 0163 * (− 1. 78)
Growth	0. 0139 *** (14. 98)	0. 0088 *** (6. 80)	0. 0144 *** (13. 80)	0. 0118 *** (12. 07)
Top	− 0. 0039 (− 0. 66)	− 0. 0157 * (− 1. 83)	0. 0061 (0. 73)	− 0. 0072 (− 1. 26)
Roe	0. 0458 *** (8. 76)	0. 0219 *** (6. 11)	0. 0262 *** (6. 99)	0. 0259 *** (7. 29)
Cfit	− 0. 0454 *** (− 7. 16)	− 0. 0317 *** (− 3. 56)	− 0. 0421 *** (− 5. 81)	− 0. 0273 *** (− 4. 34)
Far	− 0. 0586 *** (− 11. 22)	− 0. 0709 *** (− 10. 40)	− 0. 0663 *** (− 10. 61)	− 0. 0674 *** (− 13. 54)
Iar	0. 0827 *** (6. 14)	0. 0355 ** (2. 02)	0. 0945 *** (6. 09)	0. 0873 *** (6. 51)
Inr	− 0. 0880 *** (− 13. 97)	− 0. 0592 *** (− 7. 87)	− 0. 0672 *** (− 9. 84)	− 0. 0739 *** (− 12. 03)
Debt	0. 0085 *** (2. 86)	− 0. 0034 (− 0. 89)	− 0. 0002 (− 0. 06)	0. 0134 *** (4. 10)
Pgdp	0. 0111 * (1. 76)	0. 0012 (0. 11)	0. 0115 (1. 16)	0. 0102 (1. 64)
Constant	0. 1087 *** (3. 92)	0. 0537 (1. 42)	0. 0320 (0. 90)	0. 1512 *** (5. 70)
Year	Yes	Yes	Yes	Yes
Industry	Yes	Yes	Yes	Yes

续表

变量名称	内部控制质量高组	内部控制质量低组	公司治理水平高组	公司治理水平低组
Province	Yes	Yes	Yes	Yes
Firm	Yes	Yes	Yes	Yes
Observations	20340	10793	16288	16300
Number of id	3563	3080	3042	2336
R – squared	0.098	0.093	0.103	0.102

注：＊、＊＊和＊＊＊分别表示10%、5%和1%的显著性水平，括号内为 t 统计值。

5.3.6.4　媒体（分析师）关注程度的异质性

媒体和分析师均可作为信息中介，能降低管理层与投资者之间的信息不对称程度，减少管理层的机会主义行为，缓解企业的代理问题（刘圻和赵沪晓，2022）。对于媒体和分析师关注较高的企业而言，税收征管数字化升级后，可以进一步缓解信息不对称程度、抑制企业异常关联交易以及减少代理问题，提高公司治理水平（王涛和王建新，2023），从而改善此类企业的投资效率。因此，本部分预期税收征管的数字化升级对企业投资效率的提升作用在媒体（分析师）关注程度高的企业中更显著。

为了验证上述预期，本部分媒体关注程度分别以每年网络新闻标题中出现该公司的新闻总数进行统计，分析师关注程度采用一年内对该公司进行跟踪的分析师（或团队）数量衡量，而后以媒体（分析师）关注程度按年份计算的中位数为标准，进行高低分组。分组后的异质性检验结果如表 5 – 11 所示，在媒体（分析师）关注程度更高的样本中，Post × Treat 的回归系数均在 1% 水平上显著为负；而在媒体（分析师）关注程度更低的样本中，Post × Treat 的回归系数虽为负，但均不显著。可见，税收征管的数字化升级对企业投资效率的提升作用在媒体（分析师）关注程度高组中更为显著。

表5-11　　依据媒体（分析师）关注程度高低分组的异质性检验结果

变量名称	媒体关注高组	媒体关注低组	分析师关注高组	分析师关注低组
Post × Treat	-0.0077 *** (-3.89)	-0.0004 (-0.12)	-0.0092 *** (-4.09)	-0.0023 (-1.07)
Size	-0.0075 ** (-2.14)	-0.0017 (-0.57)	-0.0042 (-1.16)	-0.0051 * (-1.68)
Lev	0.0122 (1.21)	0.0063 (0.75)	0.0020 (0.18)	0.0173 ** (2.13)
Growth	0.0122 *** (11.53)	0.0122 *** (13.08)	0.0180 *** (15.43)	0.0090 *** (10.27)
Top	0.0056 (0.77)	-0.0094 * (-1.65)	0.0081 (1.11)	-0.0071 (-1.19)
Roe	0.0275 *** (7.35)	0.0287 *** (8.53)	0.0226 *** (4.60)	0.0263 *** (8.88)
Cfit	-0.0264 *** (-3.64)	-0.0402 *** (-6.53)	-0.0329 *** (-4.38)	-0.0376 *** (-6.16)
Far	-0.0761 *** (-12.24)	-0.0516 *** (-10.65)	-0.0710 *** (-11.26)	-0.0605 *** (-12.11)
Iar	0.0669 *** (4.15)	0.0700 *** (5.73)	0.1303 *** (8.30)	0.0421 *** (3.31)
Inr	-0.0817 *** (-11.08)	-0.0687 *** (-12.37)	-0.0872 *** (-10.12)	-0.0602 *** (-11.27)
Debt	0.0068 ** (2.04)	0.0031 (1.06)	0.0074 ** (2.10)	0.0019 (0.68)
Pgdp	0.0127 (1.34)	0.0041 (0.68)	0.0087 (1.12)	0.0111 (1.56)
Constant	0.1164 *** (3.21)	0.0458 * (1.80)	0.0550 (1.59)	0.1054 *** (3.80)
Year	Yes	Yes	Yes	Yes
Industry	Yes	Yes	Yes	Yes

变量名称	媒体关注高组	媒体关注低组	分析师关注高组	分析师关注低组
Province	Yes	Yes	Yes	Yes
Firm	Yes	Yes	Yes	Yes
Observations	16847	17013	16092	17768
Number of id	3319	3494	3085	3084
R－squared	0.097	0.097	0.114	0.096

注：*、** 和 *** 分别表示 10%、5% 和 1% 的显著性水平，括号内为 t 统计值。

5.3.6.5　行业竞争程度的异质性

行业竞争程度高的企业将面临更具威胁性的外部治理环境，在一定程度上对管理者行为形成了约束机制，从而缓解了代理成本（董必荣和王璇，2022）。同时，税收征管数字化升级也会抑制企业管理层为了追求个人私利而进行的过度投资行为（李世刚和黄一松，2021）。对于行业竞争程度越高的企业而言，在激烈的市场竞争环境和税收征管数字化升级的双重作用下，企业管理者行为得到规范，代理问题和过度投资问题有所减少，企业投资效率将进一步提高。因此，本部分预期税收征管数字化升级对企业投资效率的提升作用在行业竞争程度高的企业中更显著。

为了验证上述预期，本部分采用行业集中度和企业勒纳指数衡量行业竞争程度。行业集中度以行业内营业收入最大的前 4 家企业的营业收入占全行业营业收入的比例表示，该值越小，表明市场份额越不集中、市场竞争越激烈。企业勒纳指数以营业收入减去营业成本、销售费用、管理费用三者的差除以营业收入表示，该值越小，表明市场垄断力量越弱、市场竞争越激烈。而后，以行业集中度和企业勒纳指数的均值为标准进行高低分组。分组后的异质性检验结果如表 5－12 所示，在行业竞争程度较高的样本中，Post × Treat 的回归系数均在 1% 水平上显著为负；而在行业竞争程度较低的样本中，Post × Treat 的回归系数虽为负，但均不显著。可见，税收征管的数字化升级对企业投资效率的提升作用在行业竞争程度较高组中更为显著。

表 5 - 12　　　　依据行业竞争程度高低分组的异质性检验结果

变量名称	行业集中度		企业勒纳指数	
	行业竞争低组	行业竞争高组	行业竞争低组	行业竞争高组
Post × Treat	- 0.0019 (- 0.51）	- 0.0071 *** (- 4.28）	- 0.0038 (- 1.47）	- 0.0071 *** (- 3.69）
Size	- 0.0198 *** (- 3.14）	- 0.0011 (- 0.45）	- 0.0090 *** (- 2.60）	0.0022 (0.68）
Lev	- 0.0478 *** (- 2.69）	0.0195 *** (2.88）	- 0.0034 (- 0.30）	0.0316 *** (3.77）
Growth	0.0155 *** (7.84）	0.0126 *** (17.07）	0.0147 *** (13.63）	0.0092 *** (9.63）
Top	- 0.0074 (- 0.64）	- 0.0039 (- 0.80）	0.0003 (0.04）	- 0.0106 * (- 1.85）
Roe	0.0253 *** (3.70）	0.0300 *** (10.80）	0.0431 *** (6.89）	0.0254 *** (8.30）
Cfit	- 0.0421 *** (- 3.44）	- 0.0330 *** (- 6.55）	- 0.0480 *** (- 6.10）	- 0.0307 *** (- 5.03）
Far	- 0.0620 *** (- 6.56）	- 0.0628 *** (- 15.07）	- 0.0767 *** (- 11.52）	- 0.0622 *** (- 12.63）
Iar	0.0922 *** (3.72）	0.0693 *** (6.54）	0.0768 *** (4.83）	0.0751 *** (5.62）
Inr	- 0.0892 *** (- 7.25）	- 0.0739 *** (- 15.56）	- 0.0824 *** (- 10.95）	- 0.0675 *** (- 11.37）
Debt	0.0253 *** (4.22）	0.0010 (0.43）	0.0130 *** (3.95）	- 0.0034 (- 1.12）
Pgdp	- 0.0172 (- 1.34）	0.0141 ** (2.44）	0.0048 (0.53）	0.0100 (1.56）
Constant	0.0216 (0.38）	0.0715 *** (2.99）	- 0.0693 * (- 1.76）	0.1021 *** (3.93）

变量名称	行业集中度		企业勒纳指数	
	行业竞争低组	行业竞争高组	行业竞争低组	行业竞争高组
Year	Yes	Yes	Yes	Yes
Industry	Yes	Yes	Yes	Yes
Province	Yes	Yes	Yes	Yes
Firm	Yes	Yes	Yes	Yes
Observations	5912	27806	14916	18494
Number of id	1133	3714	3081	2909
R – squared	0. 114	0. 099	0. 119	0. 091

注：＊、＊＊ 和 ＊＊＊ 分别表示 10%、5% 和 1% 的显著性水平，括号内为 t 统计值。

5.3.6.6　市场化进程的异质性

市场化改革、环境差异、行政区划之间的分割使得我国各地区的市场化程度不同，因而市场这个"无形之手"在资源配置中的实际情况也存在差异（蒋尧明和赖妍，2017）。它将如何影响税收征管数字化升级对投资效率的积极作用，仍是一个有待检验的问题。

为了验证上述预期，本部分以王小鲁等（2021）提出的市场化总指数的均值为基准，将样本企业分为市场化进程高低两组。由于该指数的最新统计截止日期为 2019 年，本部分参考马连福等（2015）的做法，推算出 2020 ~ 2022 年各地区的该指数。分组后的异质性检验结果如表 5 – 13 所示，在市场化进程较高组，Post × Treat 的回归系数显著为负；在市场化进程较低组，Post × Treat 的回归系数虽然为负但不显著。这说明税收征管数字化升级对投资效率的积极作用将随着市场化进程的加深而增强。这可能是因为在市场进程较低的地区，信息不对称程度较高，企业与被投资方之间缺乏信任，造成税收征管数字化升级对投资效率的积极作用不显著。

表 5 – 13   依据市场化进程高低分组的异质性检验结果

变量名称	市场化进程高组	市场化进程低组
Post × Treat	− 0. 0051 ** (− 1. 97)	− 0. 0029 (− 1. 37)
Size	− 0. 0038 (− 1. 22)	− 0. 0046 (− 1. 33)
Lev	0. 0150 * (1. 66)	0. 0090 (0. 96)
Growth	0. 0140 *** (14. 26)	0. 0116 *** (11. 71)
Top	0. 0053 (0. 83)	− 0. 0173 ** (− 2. 57)
Roe	0. 0223 *** (6. 50)	0. 0352 *** (9. 50)
Cfit	− 0. 0458 *** (− 7. 27)	− 0. 0238 *** (− 3. 35)
Far	− 0. 0770 *** (− 13. 32)	− 0. 0632 *** (− 11. 93)
Iar	0. 0807 *** (5. 24)	0. 0636 *** (4. 81)
Inr	− 0. 0751 *** (− 12. 24)	− 0. 0788 *** (− 11. 13)
Debt	0. 0053 * (1. 78)	0. 0037 (1. 13)
Pgdp	− 0. 0010 (− 0. 06)	0. 0189 *** (2. 83)
Constant	0. 0484 (1. 03)	0. 0915 *** (3. 21)
Year	Yes	Yes
Industry	Yes	Yes

变量名称	市场化进程高组	市场化进程低组
Province	Yes	Yes
Firm	Yes	Yes
Observations	18649	15211
Number of id	3356	2275
R – squared	0.111	0.088

注：*、** 和 *** 分别表示10%、5%和1%的显著性水平，括号内为 t 统计值。

5.3.7　进一步测试

5.3.7.1　对企业投资规模的影响

税收征管的数字化升级，使得企业的实际税负增加。这不仅直接减少了企业的税后收益，而且间接挤占了企业可支配的现金流，在一定程度上对企业的投资规模带来了冲击（欧阳洁等，2023）。因此，本部分预测税收征管数字化升级会降低企业投资规模。

企业投资规模采用以下方式度量：第一，参考付文林等（2014）的做法，企业投资规模等于购置固定资产、无形资产和其他长期资产所支付的现金，并用期初总资产对其进行标准化处理，以 Inv2 表示。第二，借鉴杨华军等（2007）的研究，企业投资规模等于购置固定资产、无形资产和其他长期资产支付的现金减去处置上述资产回收的现金，并用期初总资产对其进行标准化处理，以 Inv3 表示。第三，参考许伟等（2016）的做法，企业投资规模用购置固定资产、无形资产和其他长期资产所支付现金的自然对数来衡量，以 Inv4 表示。税收征管数字化升级对企业投资规模影响的进一步测试结果如表5 - 14所示，Post × Treat 与 Inv2、Inv3、Inv4 的回归系数分别为 - 0.0041、- 0.0053、- 0.0578，各自在1%、1%和5%的水平上显著。这表明税收征管数字化升级会显著减少企业投资规模。

表5-14   税收征管数字化升级对企业投资规模影响的进一步测试结果

变量名称	Inv2	Inv3	Inv4
Post × Treat	-0.0041 *** (-2.62)	-0.0053 *** (-3.33)	-0.0578 ** (-2.35)
Size	-0.0083 *** (-3.93)	-0.0069 *** (-3.22)	0.6879 *** (22.32)
Lev	-0.0358 *** (-5.77)	-0.0412 *** (-6.60)	-1.4631 *** (-15.80)
Growth	0.0214 *** (28.93)	0.0209 *** (28.12)	0.0135 (1.16)
Top	0.0526 *** (11.84)	0.0566 *** (12.66)	0.5203 *** (7.51)
Roe	0.0413 *** (15.39)	0.0375 *** (13.84)	0.5841 *** (13.78)
Cfit	-0.0224 *** (-4.61)	-0.0171 *** (-3.51)	-0.2716 *** (-3.64)
Far	-0.0835 *** (-21.66)	-0.0833 *** (-21.42)	0.3566 *** (5.99)
Iar	0.0860 *** (8.60)	0.0861 *** (8.53)	3.1798 *** (20.54)
Inr	-0.1023 *** (-22.40)	-0.0970 *** (-21.06)	-1.5317 *** (-21.27)
Debt	0.0166 *** (8.24)	0.0166 *** (8.16)	0.4919 *** (16.92)
Pgdp	0.0037 (0.71)	0.0027 (0.51)	0.0880 (1.07)
Constant	-0.0320 (-1.57)	-0.0669 *** (-3.26)	-5.6765 *** (-17.89)
Year	Yes	Yes	Yes
Industry	Yes	Yes	Yes

续表

变量名称	Inv2	Inv3	Inv4
Province	Yes	Yes	Yes
Firm	Yes	Yes	Yes
Observations	36814	36814	41764
Number of id	4555	4555	0.352
R – squared	0.177	0.173	5039

注：＊、＊＊和＊＊＊分别表示10%、5%和1%的显著性水平，括号内为 t 统计值。

5.3.7.2　对企业投资结构的影响

第 4 章已证实税收征管数字化升级降低了企业的留存收益和现金流，加剧了企业的融资约束。为了稳定现金流以应对一定时期内的流动性风险和资金约束问题，企业通常会出于预防性动机而进行交易性金融资产等金融资产的投资（闫慧慧，2023），减少固定资产投资。因此，本部分预测税收征管数字化升级会促使企业投资结构偏向金融资产投资。

本部分将投资分为金融资产投资和固定资产投资，金融资产投资参考程静和陶一桃（2020）的做法，用长期股权投资、交易性金融资产和可供出售金融资产合计的自然对数衡量，以 Fininv 表示；固定资产投资借鉴刘啟仁等（2019）的研究，用本期新增固定资产的自然对数衡量，以 Fixinv 表示。税收征管数字化升级对企业投资结构影响的进一步测试结果如表 5 – 15 所示，Post×Treat 与 Fininv 的回归系数为 0.4700，在 1% 的水平上显著；Post×Treat 与 Fixinv 的回归系数为 – 0.0662，在 10% 的水平上显著。可见，税收征管数字化升级促使企业增加了金融资产的投资，减少了固定资产的投资。可能的原因在于：一方面，管理层对以公允价值计量的金融资产配置决策拥有较大的自由裁量权，且具有追求高额收益的自利动机，可能利用金融资产投资进行盈余管理、粉饰企业经营业绩、操控企业利润，进而获取超额收益；另一方面，管理层薪酬激励的约束机制存在"重奖轻罚"的不对称性，即当管理层投资金融资产而产生公允价值变动收益，其薪酬总额会随之增加，而公允价值损失对高管薪酬不会产生显著影响（徐经长和曾雪云，2010），这进一步刺激了管理层利用金融资产投资获得收益的行为。因此，相比于周期长、不确定性高的实体投资，在税收征管数字化升级的背景下，企业管理层更有动机配置更多的金融资产投资。

表5-15　　税收征管数字化升级对企业投资结构影响的进一步测试结果

变量名称	Fininv	Fixinv
Post × Treat	0.4700 *** (3.15)	-0.0662 * (-1.75)
Size	-1.1229 *** (-5.98)	1.0041 *** (19.89)
Lev	-8.0578 *** (-14.28)	-0.8123 *** (-5.21)
Growth	-0.2921 *** (-4.14)	0.2277 *** (11.75)
Top	-7.6697 *** (-18.23)	0.2656 ** (2.32)
Roe	-2.0992 *** (-8.21)	0.7561 *** (9.24)
Cfit	0.9348 ** (2.06)	-1.4383 *** (-11.30)
Far	0.2832 (0.78)	6.1556 *** (63.46)
Iar	-1.4621 (-1.56)	0.7048 *** (2.73)
Inr	-0.4718 (-1.08)	-0.6678 *** (-5.24)
Debt	3.7250 *** (21.01)	0.2778 *** (5.84)
Pgdp	-2.8353 *** (-5.70)	0.1143 (0.88)

变量名称	Fininv	Fixinv
Constant	−25.7027 *** (−13.34)	−11.0031 *** (−20.55)
Year	Yes	Yes
Industry	Yes	Yes
Province	Yes	Yes
Firm	Yes	Yes
Observations	41798	30652
Number of id	5040	3943
R − squared	0.181	0.302

注：＊、＊＊和＊＊＊分别表示 10%、5% 和 1% 的显著性水平，括号内为 t 统计值。

5.4　本 章 小 结

本章选取 2008～2022 年我国 A 股非金融类上市公司为研究对象，以投资效率为切入点，采用我国"金税三期"工程这一准自然实验来刻画税收征管数字化升级，构建双重差分模型实证检验了税收征管数字化升级对企业投资效率的影响（如图 5 - 4 所示）。在异质性分析中，本章研究了不同企业性质、政治关联、内部治理水平、媒体（分析师）关注程度、行业竞争程度和市场化进程下，税收征管数字化升级对企业投资效率的异质性影响。在进一步测试中，本章探究了税收征管数字化升级对企业投资规模和企业投资结构的影响。实证研究的结果显示：（1）税收征管数字化升级抑制了企业的过度投资和投资不足，提高了企业的投资效率。机制检验结果表明，税收征管数字化升级通过降低代理成本和提高信息透明度进而提高企业的投资效率。（2）在异质性分析中，揭示了税收征管数字化升级提升投资效率这一效应对民营企业、无政治关联、内部治理水平较高、媒体（分析师）关注程度较高、行业竞争程度较高以及处于市场化进程较高地区的企业更显著。（3）在进一步测试中，证实税收征管数字化升级会减少企业投资规模。此外，将投资区分为固定资产投资和金融资产投资，发现税收征管数字化升级促使企业减少了固定资产投资，增加了金融资产投资。（4）在稳健性检验中，采用平衡趋势假设检验、安慰剂检验、PSM－DID、替换投资效率度量方式、排除"营改增"政策干扰五种方法，上述多元回归分析结果均与主测试结果一致。

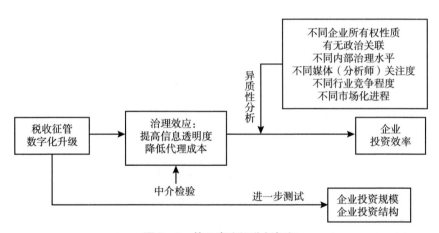

图 5－4　第 5 章实证分析框架

第6章 税收征管数字化升级对企业经营行为影响的实证分析

6.1 理论分析与假设提出

经营风险是对实现企业经营目标构成威胁的各类潜在因素发生的可能性及其影响结果的组合，该风险水平会影响企业未来收益的波动性（舒欢等，2022）。本章将从征税效应和治理效应两方面分析税收征管数字化升级对企业经营风险的影响。

从征税效应来看，"金税三期"工程上线后，税务机关以海量财税数据为基础，依托大数据、人工智能、云计算、区块链、5G等新一代信息技术，通过对涉税信息的比较、分析和交叉核对，实现了对税源多方位、深层次的监控，能够更为全面、及时地掌握企业的涉税信息。毫无疑问，税务机关对税源的掌控力度随之加强，征纳双方的信息不对称问题得以改善，企业偷逃税的边际成本随之增加，直接导致企业税收征收率和实际税负的上升（张克中等，2020；李建军和王冰洁，2022）。企业税收征收率的上升，使得企业生产规模小于社会最优生产规模，导致企业无法正常从事生产经营活动（陈晓光，2013），提高了企业的经营风险。企业实际税负的上升，使得企业留存收益和现金流减少（张克中等，2020），一方面使得企业用于生产性领域的资源投入，尤其是研发资金的投入缩减，进而导致研发产出的下降（Mukherjee et al.，2017；吉赟和王贞，2019），提高了企业的经营风险；另一方面使得企业可能将所承担的税费转嫁给员工，减少了企业人力资本的投入（王娜等，2013），对降低企业经营风险产生不利影响。此外，为应对税收征管数字化升级导致企业产生的资金缺口，企业往往会多留存资金，起到"蓄水池"的作用，以抵抗外界的干扰（李博阳等，2019），这将致使企业进入减少生产性领域的资源投入和人力资本投入的恶性循环。

从治理效应来看，一些国外学者基于所在国的数据进行实证研究后发现税收征管或执法的强化可以显著提升经济生产率（Mironov，2013；Ordóñez，2014）。"金税三期"工程上线后，首先改变了传统的税收征管手段，不仅实现了海量数据相互印证、"程序管人"的管理模式、数据分析方法的改进，而且改变了企业的管理理念与管理方法，提升了企业治理水平。企业治理水平的提升无疑有助于企业经营风险的降低。其次，改善了企业信息透明度，缓解了管理层与股东、大股东与中小股东之间的委托代理冲突。一方面，减少了管理层的机会主义行为，从而激发"企业家才能"，促使企业治理水平的提高，进而实现经营风险的降低；另一方面，减少了管理层的财务操纵、造假行为（叶康涛和刘行，2011；Buckwalter et al.，2014）和大股东对中小股东的利益侵占（Desai et al.，2007；Mironov，2013；朱凯和孙红，2014）。如果管理层和大股东的上述行为一旦被税务部门检查揭发，则将面临诉讼、其他政府部门处罚和声誉受损等问题。此外，国家税务总局发布的《纳税信用管理办法》中，对于纳税信用 D 级的企业，还采用了更严格的发票管理、出口退税审核和高频次税收检查等一系列严管措施；国家税务总局与 20 个部门签署的《对重大税收违法案件当事人联合惩戒合作备忘录》中，对被列入税收违法"黑名单"的，将当事人信息定期提供给 20 家合作单位，有关单位依法采取包括阻止出境、限制担任相关职务、限制融资授信等 18 项惩戒措施。考虑到行为暴露后的严重法律后果和经济后果，管理层和大股东基于理性考虑将更加关注企业治理，有助于企业经营风险的降低。

基于上述分析，税收征管数字化升级对企业经营风险可能存在正反两方面的影响，影响机制见图 6-1。

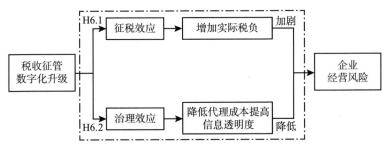

图 6 - 1　税收征管数字化升级对企业经营风险的影响机制

因此，本章提出如下竞争性假设：

假设 6.1：假定其他条件保持不变，税收征管数字化升级会降低企业经营风险。

假设 6.2：假定其他条件保持不变，税收征管数字化升级会提高企业经营风险。

6.2　变量定义与模型构建

6.2.1　变量定义

（1）被解释变量。

企业经营风险（Zscore）。参照阿特曼（Altman，1968）的研究，通过 Z 指数衡量企业经营风险，具体构建方式为：Zscore = 1.2 × 营运资金/总资产 + 1.4 × 留存收益/总资产 + 3.3 × 息税前利润/总资产 + 0.6 × 权益的市场价值/总负债的账面价值 + 0.999 × 营业收入/总资产。Z 指数数值越小，表示企业经营风险越高。

（2）解释变量。

税收征管数字化升级的政策效应（Post × Treat），具体度量方法见第 4 章，此处不再赘述。

101

（3）控制变量。

控制变量包括企业规模（Size）、资产负债率（Lev）、企业成长性（Growth）、股权集中度（Top）、盈利能力（Roe）、上市年限（Age）、债务水平（Debt）、企业应尽纳税义务（Tax）、管理层持股比例（Manhold）、雇佣员工数（lnstaff）、经济发展水平（Pgdp）、财政自给率（Fiscal）变量。

主要变量的说明详见表6-1。

表6-1   主要变量说明

变量类型	变量名称	变量符号	变量度量
被解释变量	经营风险	Zscore	Z指数
解释变量	税收征管数字化升级的政策效应	Post × Treat	"金税三期"工程是否上线的虚拟变量
控制变量	企业规模	Size	总资产取自然对数
	资产负债率	Lev	总负债/总资产
	企业成长性	Growth	营业收入增长率
	股权集中度	Top	第一大股东持股比例
	盈利能力	Roe	净资产收益率
	上市年限	Age	上市总年数取自然对数
	债务水平	Debt	总负债取自然对数
	企业应尽纳税义务	Tax	应交税费加1后取自然对数
	管理层持股比例	Manhold	董监高持股数量占总股数量之比
	雇佣员工数	lnstaff	企业员工人数加1后取对数
	经济发展水平	Pgdp	人均地区生产总值取自然对数
	财政自给率	Fiscal	一般预算内收入/一般预算内支出

6.2.2 模型构建

为了验证税收征管数字化升级对企业经营风险的影响，本章借鉴欧阳洁等（2023）的研究，通过多期双重差分法构建模型（6.1）进行检验：

$$Zscore_{ijet} = \alpha_0 + \alpha_1 Post_{jt} \times Treat_{jt} + \alpha_3 \sum Control_{ijet}$$

$$+ \mu_i + \delta_j + \theta_c + \tau_t + \varepsilon_{ijct} \qquad (6.1)$$

其中，回归模型的被解释变量是企业经营风险，解释变量为税收征管数字化升级的政策效应，Control 表示控制变量；i 为企业，j 为地区，c 为行业，t 为年份；μ_i 表示企业个体固定效应，δ_j 表示地区固定效应，θ_c 表示行业固定效应，τ_t 表示时间固定效应，ε_{ijct} 为随机误差项。

6.3　实证分析与结果描述

6.3.1　样本选择与数据来源

本章选取 2008～2022 年我国 A 股上市公司为研究样本，剔除金融业、ST 类、*ST 类以及相关指标缺失的企业后剩余 33784 个样本。本章研究数据来自国泰安数据库（CSMAR）和国家统计局网站，主要变量进行了 1% 和 99% 分位上的缩尾处理，并使用 Stata15.0 软件对数据进行处理和统计分析。

6.3.2　描述性统计

表 6-2 显示了主要变量的描述性统计结果。被解释变量经营风险（Zscore）的最大值为 36.820，最小值为 -0.043，均值为 4.939，标准差为 5.725，说明样本上市公司经营风险相距甚远。解释变量税收征管数字化升级的政策效应（Post×Treat）的均值为 0.615，表明在样本期间共有 61.5% 的观测值受到了"金税三期"工程的影响。在控制变量方面，企业规模（Size）的均值为 22.200，标准差为 1.281，反映了样本上市公司的资产规模存在显著差别。资产负债率（Lev）的平均数为 0.428，说明样本上市公司的偿债能力普遍较强。企业成长性（Growth）的最大值为 2.673，最小值为 -0.581，标准差为 0.421，反映了样本上市公司的成长性差别较

大。股权集中度（Top）的最大值为 0.740，最小值为 0.084，表明不同样本上市公司的股权结构存在很大不同，部分公司存在一股独大现象。盈利能力（Roe）最高为 0.370，最低为负数，这表明样本上市公司的盈利能力悬殊。上市年限（Age）的均值为 2.006，反映出样本上市公司普遍上市年限较短。债务水平（Debt）和企业应尽纳税义务（Tax）的平均值各为 21.210 和 17.270，表明样本上市公司的整体债务水平和纳税负担较高。管理层持股比例（Manhold）的均值是 0.128，说明样本上市公司管理层持股的比例在 12.8% 左右。雇佣员工数（lnstaff）的最大值和最小值各为 11.080 和 4.564，体现了样本上市公司雇佣员工数量的差距较大，间接说明样本上市公司的规模存在显著差别。经济发展水平（Pgdp）的最大值和最小值分别为 2.931 和 0.550，反映了不同地区经济发展水平存在较大差距。财政自给率（Fiscal）的最大值是 0.926，说明所有省（自治区、直辖市）的一般预算内收入均小于一般预算内支出。

表 6 - 2　　　　　　　　　　　描述性统计

变量名称	N	mean	sd	min	p25	p50	p75	max
Zscore	33784	4.939	5.725	-0.043	1.861	3.119	5.589	36.820
Post × Treat	33784	0.615	0.486	0.000	0.000	1.000	1.000	1.000
Size	33784	22.200	1.281	19.850	21.290	22.020	22.930	26.160
Lev	33784	0.428	0.203	0.057	0.266	0.421	0.578	0.891
Growth	33784	0.175	0.421	-0.581	-0.027	0.109	0.274	2.673
Top	33784	0.338	0.148	0.084	0.223	0.314	0.436	0.740
Roe	33784	0.062	0.138	-0.691	0.028	0.072	0.123	0.370
Age	33784	2.006	0.941	0.000	1.386	2.197	2.773	3.296
Debt	33784	21.210	1.641	17.710	20.060	21.090	22.230	25.800
Tax	33784	17.270	1.632	13.340	16.180	17.190	18.270	21.750
Manhold	33784	0.128	0.190	0.000	0.000	0.005	0.232	0.675
lnstaff	33784	7.641	1.256	4.564	6.795	7.569	8.427	11.080
Pgdp	33784	1.952	0.516	0.550	1.622	1.980	2.322	2.931
Fiscal	33784	0.646	0.187	0.211	0.461	0.701	0.793	0.926

6.3.3　多元回归分析

表 6-3 列示了税收征管数字化升级与企业经营风险的基准回归结果。Post×Treat 的回归系数为 −0.3388，且在 1% 的水平上显著，假设 6.1 得到验证，反映了税收征管数字化升级提高了企业的经营风险。这从侧面证明了数字技术与税收征管的深度融合所带来的税负冲击也在一定程度上影响了企业的经营风险。因此，在推进税收征管数字化升级的同时进行税收政策的优化是十分必要的。

表 6-3　税收征管数字化升级与企业经营风险的基准回归结果

变量名称	Zscore
Post×Treat	−0.3388 *** (−3.70)
Size	9.7194 *** (76.28)
Lev	17.4583 *** (46.95)
Growth	0.0530 (1.26)
Top	−0.1473 (−0.52)
Roe	4.5438 *** (28.94)
Age	1.7229 *** (29.34)
Debt	−11.2724 *** (−93.50)
Tax	0.1863 *** (7.81)

变量名称	Zscore
Manhold	−0. 9461 *** （ −3. 83）
lnstaff	0. 1725 *** （3. 84）
Pgdp	1. 4460 *** （4. 11）
Fiscal	−1. 3432 ** （ −2. 29）
Constant	9. 7105 *** （7. 26）
Year	Yes
Industry	Yes
Province	Yes
Firm	Yes
Observations	33784
Number of id	4524
R − squared	0. 443

注：＊、＊＊和＊＊＊分别表示10%、5%和1%的显著性水平，括号内为 t 统计值。

6.3.4 稳健性检验

6.3.4.1 平衡趋势假设检验

在采用多重差分模型估计之前，需对处理组与对照组经营风险的差异进行平衡趋势假设检验，即检验两组企业经营风险的差异是否在"金税三期"工程实施之前就已存在。本章借鉴雅各布森等（1993）的方法，将模型（6.1）中的自变量换成表示"金税三期"工程实施前三年、前两年、前一年、当年、后一年、后两年、后三年、后四年的哑变量，即

PRE_3、PRE_2、PRE_1、CUR_0、AFT_1、AFT_2、AFT_3、AFT_4，同时控制模型（6.1）中所涉及的控制变量，因变量不变。估计结果如表 6 – 4 和图 6 – 2 所示，PRE_3、PRE_2、PRE_1 的系数估计值均不显著，而 CUR_0、AFT_1、AFT_2、AFT_3、AFT_4 的系数估计值均显著为负，结果通过了平行趋势假设检验。

表 6 – 4　　　税收征管数字化升级与企业经营风险的平衡趋势假设检验结果

变量名称	PRE_3	PRE_2	PRE_1	CUR_0	AFT_1	AFT_2	AFT_3	AFT_4
结果	– 0.0197 (– 0.19)	0.1660 (1.54)	– 0.0986 (– 0.90)	– 0.2434 ** (– 2.21)	– 0.2840 *** (– 2.69)	– 0.2040 ** (– 2.07)	– 0.1695 * (– 1.92)	– 0.1592 ** (– 2.08)
变量名称	Control-variables	Year	Industry	Province	Firm	Observations	R – squared	
结果	控制	控制	控制	控制	控制	33784	0.443	

注：*、** 和 *** 分别表示 10%、5% 和 1% 的显著性水平，括号内为 t 统计量。

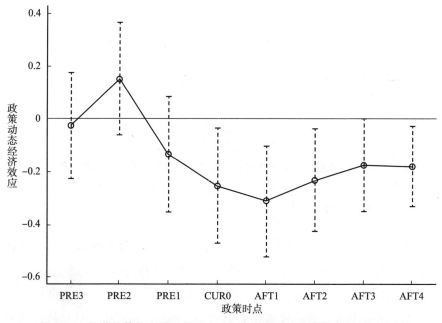

图 6 – 2　税收征管数字化升级与企业经营风险的平衡趋势假设检验结果

6.3.4.2 安慰剂检验

为了排除本章的基准回归结果是由偶然性或随机性因素,而并非由"金税三期"工程的实施所致这一担忧,本章借鉴柴提等(2009)的做法,随机将"金税三期"工程分配给企业生成新的实验组和控制组,重复这一过程200次,进行反事实估计。估计的结果如图6-3所示,随机分配的"金税三期"变量的回归系数都在0附近,说明本部分构造的虚拟政策效应并不存在。因此,本章的基准回归结果并非偶然性或随机性因素所致。

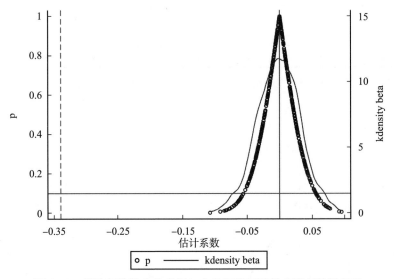

图6-3 税收征管数字化升级与企业经营风险的安慰剂检验结果

6.3.4.3 PSM-DID

本章采用PSM解决税收征管数字化升级与企业经营风险之间可能存在的内生性问题。首先,借鉴孙雪娇等(2021)的做法,选择企业规模、资产负债率、企业成长性、第一大股东持股比例、盈利能力、经营活动净现金流、企业年龄、实际税率作为协变量,使用Probit模型估算倾向得分值,进行1:1不放回配对。而后,使用配对出的子样本重新放入模型

（6.1）中进行回归检验。检验结果如表 6 - 5 所示，Post × Treat 的回归系数为 - 0.3306，在 1% 的水平上显著，本章基本结论依旧保持不变。

表 6 - 5　　　　税收征管数字化升级与企业经营风险的稳健性检验

变量名称	PSM - DID	排除"营改增"政策干扰
Post × Treat	- 0.3306 *** （ - 3.59）	- 0.2926 *** （ - 3.14）
Size	9.9804 *** （76.95）	9.6939 *** （71.76）
Lev	17.7982 *** （47.25）	16.6921 *** （42.69）
Growth	0.0647 （1.54）	0.0376 （0.87）
Top	- 0.2718 （ - 0.95）	- 0.1178 （ - 0.41）
Roe	4.5160 *** （28.57）	4.4629 *** （26.66）
Age	1.7979 *** （29.79）	1.8305 *** （29.79）
Debt	- 11.5206 *** （ - 94.00）	- 11.1294 *** （ - 86.92）
Tax	0.1721 *** （7.15）	0.1699 *** （6.92）
Manhold	- 1.0020 *** （ - 3.98）	- 0.9436 *** （ - 3.61）
lnstaff	0.1731 *** （3.81）	0.1269 *** （2.67）
Pgdp	1.4093 *** （3.95）	1.8497 *** （5.08）
Fiscal	- 1.2021 ** （ - 2.03）	- 1.1445 * （ - 1.89）

续表

变量名称	PSM – DID	排除"营改增"政策干扰
Constant	9.2472 *** (6.83)	7.2992 *** (5.16)
Year	Yes	Yes
Industry	Yes	Yes
Province	Yes	Yes
Firm	Yes	Yes
Observations	33671	29674
Number of id	4530	4038
R – squared	0.446	0.443

注：＊、＊＊和＊＊＊分别表示10%、5%和1%的显著性水平，括号内为 t 统计值。

6.3.4.4 排除"营改增"政策干扰

为了缓解"营改增"政策对实证结果的干扰，本书参照张玉明等（2023）的做法，将受到"营改增"政策影响最大的现代服务业和交通运输业企业从研究样本中剔除，以观察缓解了"营改增"政策影响后的回归结果。从表 6 – 5 的结果来看，Post × Treat 的系数仍然保持显著，说明本章结果较为稳健。

6.3.5 作用机制检验

在模型（6.1）和模型（4.3）的基础上，本部分构造了检验模型（6.2），借鉴温忠麟等（2004）提出的中介效应检验程序来验证实际税负在税收征管数字化升级与企业经营风险两者之间的中介效应。具体的检验步骤如下：第一，检验税收征管数字化升级与实际税负的关系，见模型（4.2）。第二，依次检验税收征管数字化升级、实际税负与企业经营风险的关系，见模型（6.2）。第三，判断模型（6.2）中税收征管数字化升级这一自变量的回归系数，若其回归系数 γ_1 不显著，则说明实际税负存在完全中介效应；若其回归系数 γ_1 显著，但低于第一步骤模型（6.1） α_1 的值，则说明实际税负存在部分中介效应。

$$\text{Zscore}_{ijet} = \gamma_0 + \gamma_1 \text{Post}_{jt} \times \text{Treat}_{jt} + \gamma_2 \text{ETR}_{ijet} + \gamma_3 \sum \text{Control}_{ijet}$$
$$+ \mu_i + \delta_j + \theta_c + \tau_t + \varepsilon_{ijet} \tag{6.2}$$

表 6-6 列示了税收征管数字化升级与企业经营风险的作用机制检验结果。就实际税负这一作用机制而言，列（1）反映了税收征管数字化升级与实际税负的回归结果，Post × Treat 的回归系数为 0.0091，且在 10% 的水平上显著，说明税收征管数字化升级显著提高了企业的实际税负。列（2）反映了税收征管数字化升级、实际税负与企业经营风险的回归结果，ETR 的回归系数在 1% 的水平上显著为负；Post × Treat 的回归系数为 -0.3356，在 1% 的水平上显著，该系数的绝对值小于表 6-3 基准回归中对应的系数 -0.3388 的绝对值。以上结果表明实际税负在税收征管数字化升级与企业经营风险之间发挥着部分中介作用。可能的原因是，税收征管数字化升级既充分发挥税收大数据作用，对企业经营业务全环节即时验证和监控，又增强了监管部门的数据分析能力，提高了税收征管强度和效率。以上两方面导致企业实际税负的上升，企业实际税负的增加会减少企业现金流量和留存收益，加剧企业融资约束，影响企业的研发投资和经营战略，进而提高了企业经营风险。

表 6-6　　　　税收征管数字化升级与企业经营风险的作用机制检验

变量名称	(1)	(2)
	ETR	Zscore
Post × Treat	0.0091 * (1.69)	-0.3356 *** (-3.67)
ETR		-0.3516 *** (-3.51)
Size	0.0021 (0.29)	9.7202 *** (76.30)

续表

变量名称	(1)	(2)
	ETR	Zscore
Lev	0.0002 (0.01)	17.4584 *** (46.96)
Growth	−0.0059 ** (−2.41)	0.0509 (1.21)
Top	0.0240 (1.46)	−0.1389 (−0.49)
Roe	0.2383 *** (25.98)	4.6276 *** (29.14)
Age	−0.0105 *** (−3.07)	1.7192 *** (29.28)
Debt	−0.0018 (−0.26)	−11.2730 *** (−93.53)
Tax	0.0129 *** (9.23)	0.1908 *** (7.99)
Manhold	−0.0294 ** (−2.04)	−0.9564 *** (−3.88)
lnstaff	−0.0006 (−0.22)	0.1723 *** (3.83)
Pgdp	−0.0594 *** (−2.89)	1.4252 *** (4.05)
Fiscal	0.0399 (1.16)	−1.3292 ** (−2.27)
Constant	−0.0094 (−0.12)	9.7072 *** (7.26)
Year	Yes	Yes
Industry	Yes	Yes
Province	Yes	Yes

续表

变量名称	（1）	（2）
	ETR	Zscore
Firm	Yes	Yes
Observations	33784	33784
R – squared	0.053	0.443
Number of id	4524	4524

注：＊、＊＊ 和 ＊＊＊ 分别表示 10%、5% 和 1% 的显著性水平，括号内为 t 统计值。

6.3.6　异质性分析

6.3.6.1　内部治理水平的异质性

本部分从内部控制和公司治理两方面阐述因内部治理水平的差异对税收征管数字化升级与企业经营风险两者关系的不同影响。一方面，内部控制质量低的企业，代理问题较为突出，管理层出现谋取私利的动机更加强烈，从而较大可能引起经营风险（王敬勇等，2022）。税收征管数字化升级后，此类企业的留存收益和现金流减少，这不仅使其在生产性领域的资源投入会减少（Mukherjee et al.，2017；吉赟和王贞，2019），而且对人力资本的投入也会降低（王娜等，2013），容易造成企业经营风险的加剧。另一方面，公司治理水平高的企业往往内部的管理制度和管理体系更为完备，管理层的投机行为更少，道德风险更低（张慧毅和佟欣，2023），因而企业的经营风险更低。即使此类企业在税收征管的数字化升级后经营风险有所增加，相较于本就存在较高经营风险且公司治理水平较低的企业，税收征管的数字化升级对公司治理水平较高企业的生产经营产生的威胁也更小。因此，本部分预期税收征管的数字化升级对企业经营风险的加剧作用在内部治理水平低的样本企业中更为显著。

为了验证上述预期，本部分按照第 5 章内部治理水平的度量方法进行分组回归，回归后的异质性检验结果如表 6 - 7 所示。不难看出，在内部控制质量（公司治理水平）较低的样本中，Post×Treat 的回归系数在 1% 水平上显著为负；而在内部控制质量更高的样本中，Post×Treat 的回归系数虽为负，但不显著。在公司治理水平较低的样本中，Post×Treat 的回归系数仅在 5% 水平上显著。可见，税收征管数字化升级对企业经营风险的加剧作用在内部治理水平低组中更为显著。

表6－7   依据内部治理水平高低分组的异质性检验结果

变量名称	公司治理水平高组	公司治理水平低组	内部控制质量高组	内部控制质量低组
Post×Treat	-0.3114** (-2.08)	-0.3499*** (-3.02)	-0.1431 (-1.01)	-0.4449*** (-3.20)
Size	10.0610*** (51.75)	9.6097*** (50.42)	8.7647*** (43.30)	10.9067*** (52.45)
Lev	19.2920*** (32.40)	16.5089*** (30.97)	14.3390*** (22.91)	19.9162*** (33.65)
Growth	0.0178 (0.27)	0.0476 (0.84)	-0.0602 (-0.92)	-0.1009 (-1.47)
Top	-0.0611 (-0.10)	-0.5309 (-1.48)	-0.6296 (-1.41)	0.1388 (0.29)
Roe	4.8734*** (19.99)	3.9870*** (18.35)	8.3053*** (20.36)	3.4555*** (16.35)
Age	1.8946*** (20.01)	1.6894*** (20.45)	1.9661*** (21.88)	1.7197*** (15.15)
Debt	-11.9455*** (-66.32)	-10.9598*** (-59.70)	-10.0801*** (-51.50)	-12.6611*** (-65.72)
Tax	0.1242*** (3.17)	0.1956*** (6.30)	0.0830** (2.17)	0.1319*** (3.37)
Manhold	-1.7999*** (-5.04)	1.5072 (1.63)	-0.2007 (-0.46)	-1.9133*** (-4.75)
lnstaff	0.3625*** (4.62)	0.0531 (0.89)	0.1432** (2.05)	0.2369*** (3.19)

变量名称	公司治理水平高组	公司治理水平低组	内部控制质量高组	内部控制质量低组
Pgdp	1.3624 * (1.95)	1.0548 ** (2.52)	0.7490 (1.48)	1.3662 ** (2.15)
Fiscal	-0.8660 (-0.88)	-0.6604 (-0.88)	-1.3570 (-1.47)	-0.8955 (-0.88)
Constant	16.1537 *** (6.67)	7.4577 *** (3.99)	10.4351 *** (4.46)	11.6256 *** (5.25)
Year	Yes	Yes	Yes	Yes
Industry	Yes	Yes	Yes	Yes
Province	Yes	Yes	Yes	Yes
Firm	Yes	Yes	Yes	Yes
Observations	16870	16878	15362	15376
Number of id	3273	2643	3628	3688
R - squared	0.476	0.399	0.391	0.503

注：*、**和***分别表示10%、5%和1%的显著性水平，括号内为t统计值。

6.3.6.2 媒体（分析师）关注度的异质性

媒体和分析师关注可以监督与约束管理者潜在的财务违规行为，有效地降低股东和管理层、企业和外部投资者之间的信息不对称程度，更好地管控企业的经营风险（蒋艺翅和姚树洁，2023）。由此可知，媒体（分析师）关注度低的企业，经营风险相对较高。此类企业在经历税收征管数字化升级后，又面临着留存收益和现金流减少的尴尬局面，经营风险将进一步增加。因此，本部分预期税收征管数字化升级对企业经营风险的加剧作用在媒体（分析师）关注程度低的样本企业中更为显著。

为了验证上述预期，本部分媒体关注程度分别以每年报刊财经新闻中出现该公司的新闻总数进行统计，分析师关注程度采用一年内对该公司进行跟踪的分析师（或团队）数量衡量，而后以媒体（分析师）关注程度按年份计算的中位数为标准，进行高低分组。分组后的异质性检验结果如

表 6 - 8 所示，就媒体关注度而言，在媒体关注度更低的样本中，Post ×
Treat 的回归系数在 1% 水平上显著为负，而在媒体关注度更高的样本中，
Post × Treat 的回归系数在 5% 水平上显著为负。就分析师关注度而言，在
分析师关注度更低的样本中，Post × Treat 的回归系数在 1% 水平上显著为
负，而在分析师关注度更高的样本中，Post × Treat 的回归系数在 10% 水平
上显著为负。可见，税收征管的数字化升级对企业经营风险的加剧作用在
媒体（分析师）关注程度低组中更为显著。

表 6 - 8　　　　依据媒体（分析师）关注度高低分组的异质性检验结果

变量名称	媒体关注高组	媒体关注低组	分析师关注高组	分析师关注低组
Post × Treat	- 0. 2638 ** (- 2. 03)	- 0. 3776 *** (- 2. 70)	- 0. 2306 * (- 1. 71)	- 0. 4521 *** (- 3. 36)
Size	10. 1896 *** (50. 43)	9. 4509 *** (51. 27)	9. 6103 *** (46. 75)	9. 6581 *** (52. 73)
Lev	17. 8756 *** (31. 09)	17. 0440 *** (31. 15)	19. 2244 *** (30. 08)	16. 7129 *** (32. 52)
Growth	0. 1270 ** (2. 03)	- 0. 0282 (- 0. 46)	0. 0462 (0. 67)	- 0. 0081 (- 0. 14)
Top	- 0. 6892 (- 1. 62)	0. 2918 (0. 70)	- 1. 0464 ** (- 2. 22)	0. 5741 (1. 40)
Roe	4. 5507 *** (19. 84)	4. 3174 *** (18. 76)	7. 0160 *** (23. 46)	2. 8882 *** (14. 44)
Age	1. 4904 *** (15. 26)	1. 8245 *** (21. 82)	1. 7509 *** (19. 73)	2. 0124 *** (22. 06)
Debt	- 11. 7121 *** (- 61. 03)	- 11. 0130 *** (- 63. 38)	- 11. 5757 *** (- 58. 66)	- 11. 2867 *** (- 66. 10)
Tax	0. 2233 *** (6. 03)	0. 1109 *** (3. 24)	0. 2390 *** (6. 15)	0. 0315 (0. 96)
Manhold	- 0. 2686 (- 0. 65)	- 1. 6205 *** (- 4. 71)	0. 2041 (0. 49)	- 2. 0423 *** (- 5. 67)

变量名称	媒体关注高组	媒体关注低组	分析师关注高组	分析师关注低组
lnstaff	0. 2292 *** (3. 37)	0. 1030 (1. 56)	0. 3356 *** (4. 31)	− 0. 0356 (− 0. 57)
Pgdp	2. 1036 *** (4. 00)	0. 7804 (1. 49)	2. 2091 *** (4. 03)	1. 1318 ** (2. 19)
Fiscal	− 1. 8559 ** (− 2. 03)	− 0. 3686 (− 0. 44)	− 3. 6393 *** (− 4. 11)	− 0. 6437 (− 0. 74)
Constant	7. 9893 *** (3. 83)	11. 9249 *** (6. 08)	17. 2885 *** (7. 50)	14. 2663 *** (7. 33)
Year	Yes	Yes	Yes	Yes
Industry	Yes	Yes	Yes	Yes
Province	Yes	Yes	Yes	Yes
Firm	Yes	Yes	Yes	Yes
Observations	15408	18483	16291	17600
Number of id	3561	3895	3366	3479
R − squared	0. 435	0. 453	0. 416	0. 485

注：＊、＊＊和＊＊＊分别表示10%、5%和1%的显著性水平，括号内为 t 统计值。

6.3.6.3　行业竞争程度的异质性

当企业的行业竞争程度较高时，企业所面临的压力较大，此时企业的经营风险相对较高（江春等，2023）。税收征管数字化升级会缩小企业生产规模（陈晓光和雷良海，2013），影响企业的盈利能力、融资能力及抗风险能力，使行业竞争程度高的企业在本就激烈的市场竞争环境中面临更高的经营风险。因此，本部分预期税收征管的数字化升级对企业经营风险的加剧作用在行业竞争程度较高的样本企业中更为显著。

为了验证上述预期，本部分采用行业集中度衡量行业竞争程度，具体度量方法同第5章，而后以行业集中度的均值为标准进行高低分组。分组后的异质性检验结果如表6－9所示，在行业竞争程度较高的样本中，Post×Treat 的回归系数在 1% 水平上显著为负；而在行业竞争程度较低的样本中，Post×Treat 的回归系数虽为负，但不显著。可见，税收征管的数字化升级对企业经营风险的加剧作用在行业竞争程度较高组中更为显著。

表6-9 依据行业竞争程度高低分组的异质性检验结果

变量名称	竞争程度较高组	竞争程度较低组
Post×Treat	-0.3169 *** (-3.10)	-0.1419 (-0.63)
Size	9.8813 *** (69.83)	9.4533 *** (25.71)
Lev	17.8623 *** (42.81)	18.3230 *** (17.25)
Growth	0.0551 (1.19)	0.2406 ** (2.05)
Top	-0.3873 (-1.18)	-1.1974 (-1.61)
Roe	4.7762 *** (26.24)	5.0112 *** (11.63)
Age	1.7157 *** (25.53)	2.0787 *** (13.32)
Debt	-11.4807 *** (-85.59)	-11.4420 *** (-33.05)
Tax	0.1627 *** (6.00)	0.2031 *** (3.47)
Manhold	-0.9889 *** (-3.57)	-1.4239 ** (-2.01)
lnstaff	0.2316 *** (4.42)	-0.0501 (-0.39)
Pgdp	1.6407 *** (3.93)	0.3891 (0.43)

变量名称	竞争程度较高组	竞争程度较低组
Fiscal	−2.0588 *** (−3.12)	1.3491 (0.85)
Constant	11.8867 *** (7.33)	17.7235 *** (4.64)
Year	Yes	Yes
Industry	Yes	Yes
Province	Yes	Yes
Firm	Yes	Yes
Observations	28137	5620
Number of id	4174	1182
R − squared	0.440	0.460

注：* 、** 和 *** 分别表示 10%、5% 和 1% 的显著性水平，括号内为 t 统计值。

6.3.6.4　市场化进程的异质性

当市场化进程较低时，政府干预市场较为频繁，经济活动中寻租现象严重，价格机制难以在市场进行资源配置中发挥作用，使企业难以获取所需的资源（鲁学博，2023）。在实现税收征管的数字化升级后，由于存在征税效应，不仅会减少企业可支配现金，还会加剧企业融资约束（李小奕，2018），使得企业面临的经营风险进一步增加。因此，本部分预期税收征管的数字化升级对企业经营风险的加剧作用在市场化进程低的样本企业中更为显著。

为了验证上述预期，本部分以王小鲁等（2021）提出的市场化总指数的中位数为基准，将样本企业分为市场化进程高低两组。由于该指数的最新统计截止日期为 2019 年，本部分参考马连福等（2015）的做法，推算出 2020～2022 年各地区的该指数。分组后的异质性检验结果如表 6-10 所示，在市场化进程较高组，Post×Treat 的回归系数为负但不显著；在市场化进程较低组，Post×Treat 的回归系数显著为负。这说明税收征管数字化升级对经营风险的加剧作用将随着市场化进程的加深而减弱。

表 6 – 10　　　　　依据市场化进程高低分组的异质性检验结果

变量名称	市场化进程高组	市场化进程低组
Post × Treat	− 0. 2542 (− 1. 39)	− 0. 2935 ** (− 2. 56)
Size	10. 0829 *** (51. 02)	9. 7081 *** (52. 08)
Lev	18. 6066 *** (30. 74)	17. 2775 *** (32. 82)
Growth	0. 1727 ** (2. 50)	− 0. 0119 (− 0. 21)
Top	0. 4707 (0. 99)	− 0. 6113 (− 1. 49)
Roe	4. 6480 *** (18. 90)	4. 1652 *** (18. 88)
Age	2. 0132 *** (21. 61)	1. 6838 *** (18. 19)
Debt	− 11. 7442 *** (− 62. 27)	− 11. 3615 *** (− 65. 09)
Tax	0. 1795 *** (4. 56)	0. 1789 *** (5. 40)
Manhold	− 1. 3324 *** (− 3. 74)	− 0. 6757 (− 1. 57)
lnstaff	0. 1436 * (1. 87)	0. 1930 *** (2. 93)
Pgdp	1. 5555 (1. 19)	1. 0452 ** (2. 18)
Fiscal	− 1. 8018 * (− 1. 85)	− 0. 2604 (− 0. 28)

变量名称	市场化进程高组	市场化进程低组
Constant	13. 6122 *** (3. 59)	10. 6678 *** (5. 88)
Year	Yes	Yes
Industry	Yes	Yes
Province	Yes	Yes
Firm	Yes	Yes
Observations	16927	16964
Number of id	3589	2824
R – squared	0.437	0.451

注：* 、** 和 *** 分别表示 10% 、5% 和 1% 的显著性水平，括号内为 t 统计值。

6.3.7　进一步测试

经营效率是企业经营活动的产出对投入的比值，反映了企业在经营过程中各项资源投入的有效利用程度（董斌和张兰兰，2020）。税收征管数字化升级使得企业的实际税负增加，在一定程度上导致企业研发投入的减少和人力资本投入的降低，从而影响企业经营效率（李建军和王冰洁，2022）。因此，本部分预测税收征管数字化升级会降低企业经营效率。

本部分借鉴童锦治等（2016）的做法，采用企业全要素生产率作为企业经营效率的衡量指标，并使用奥利和帕克斯（Olley and Pakes，1996）的 OP 法、莱文森和佩特林（Levinsohn and Petrin，2003）的 LP 法以及布伦德尔和邦德（Blundell and Bond，1998）的 GMM 法来测算企业的全要素生产率，分别以 Tfp_Lp、Tfp_Op 和 Tfp_Gmm 表示。税收征管数字化升级对企业经营风险影响的进一步测试结果如表 6 - 11 所示，Post × Treat 与 Tfp_Lp、Tfp _ Op、Tfp _ Gmm 的回归系数分别为 - 0.0333、- 0.0282、- 0.0276，均在 1% 的水平上显著。这表明税收征管数字化升级会降低企业经营效率。可能的原因是，税收征管数字化升级一方面能够提高税收稽查的威慑力度和涉税信息监管能力，规范税收流程和压缩逃税空间，增加税收负担，减少企业在生产中的资源投入和留存收益，降低创新驱动力和增加创新成本，减少企业的创新投入和产出，抑制企业生产效率提高；另一方面，它削弱了企业的内部融资能力，加大企业融资难度，增加企业外部融资成本，从而使企业更倾向于将资金投向快速收益领域，减缓了企业生产设备的更新换代，抑制了企业技术的进步，最终影响企业经营效率的提高（吴斌和舒竹语，2023）。

表6-11　　税收征管数字化升级对企业经营效率影响的进一步测试结果

变量名称	Tfp_Lp	Tfp_Op	Tfp_Gmm
Post × Treat	-0.0333 *** (-3.60)	-0.0282 *** (-3.19)	-0.0276 *** (-3.10)
Size	0.2397 *** (18.40)	0.1487 *** (12.07)	0.1320 *** (10.60)
Lev	-0.1331 *** (-3.50)	-0.0893 ** (-2.48)	-0.0720 ** (-1.98)
Growth	0.1905 *** (44.48)	0.1963 *** (48.54)	0.1974 *** (48.35)
Top	0.0246 (0.86)	0.0172 (0.63)	0.0154 (0.56)
Roe	0.5110 *** (32.32)	0.5046 *** (33.44)	0.5090 *** (33.40)
Age	-0.0142 ** (-2.36)	-0.0240 *** (-4.20)	-0.0285 *** (-4.92)
Debt	0.1526 *** (12.36)	0.1308 *** (11.21)	0.1231 *** (10.45)
Tax	0.0631 *** (25.96)	0.0515 *** (22.33)	0.0506 *** (21.72)
Manhold	-0.0847 *** (-3.39)	-0.0167 (-0.70)	-0.0111 (-0.46)

变量名称	Tfp_Lp	Tfp_Op	Tfp_Gmm
lnstaff	0.0527 *** (11.46)	-0.1319 *** (-30.36)	-0.1622 *** (-36.95)
Pgdp	0.0618 * (1.71)	-0.0357 (-1.04)	-0.0442 (-1.28)
Fiscal	-0.0991 * (-1.66)	-0.1076 * (-1.89)	-0.1176 ** (-2.04)
Constant	-2.4958 *** (-18.38)	-1.5489 *** (-11.96)	-1.3570 *** (-10.37)
Year	Yes	Yes	Yes
Industry	Yes	Yes	Yes
Province	Yes	Yes	Yes
Firm	Yes	Yes	Yes
Observations	33710	34161	34161
Number of id	4507	4533	4533
R-squared	0.583	0.348	0.326

注：*、**和***分别表示10%、5%和1%的显著性水平，括号内为 t 统计值。

6.4　本 章 小 结

本章选取 2008～2022 年我国 A 股非金融类上市公司为研究对象，以经营风险为切入点，采用我国"金税三期"工程这一准自然实验来刻画税收征管数字化升级，构建双重差分模型实证检验了税收征管数字化升级对企业经营风险的影响（如图 6-4 所示）。在异质性分析中，本章研究了不同内部治理水平、媒体（分析师）关注程度、行业竞争程度和市场化进程下，税收征管数字化升级对企业经营风险的异质性影响。在进一步测试中，本章探究了税收征管数字化升级对企业经营效率的影响。实证研究的结果显示：（1）税收征管数字化升级提高了企业经营风险。机制检验结果表明，税收征管数字化升级主要通过提高企业实际税负进而加剧企业经营风险。（2）在异质性分析中，发现税收征管数字化升级对企业经营风险的加剧作用在内部治理水平较低、媒体（分析师）关注程度较低、行业竞争较高以及处于市场化进程较低地区的企业更明显。（3）在进一步测试中，证实税收征管数字化升级会降低企业经营效率。（4）在稳健性检验中，采用平衡趋势假设检验、安慰剂检验、PSM – DID、排除"营改增"政策干扰四种方法，上述多元回归分析结果均与主测试结果一致。

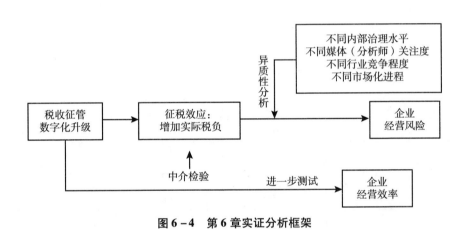

图 6 – 4　第 6 章实证分析框架

第 7 章　税收征管数字化升级对企业信息披露影响的实证分析

7.1　理论分析与假设提出

会计信息披露是企业基于投资者、债权人及其他信息使用者的外在需求压力、公司和经理人员的内在供给动力及证券市场监管机构施加的强制性推动力，依据国家或法规规定，通过适当方式向证券管理机构及广大投资者披露公司财务状况、经营成果及现金流量等诸多对决策有用信息的行为（李蒙等，2023）。本章将从征税效应和治理效应两方面阐述税收征管数字化升级对企业信息披露质量的影响。

从征税效应来看，以金税三期为代表的"一个平台""两级处理""三个覆盖"和"四类系统"的税收征管数字化升级，实现了全国税收数据的集中、统一处理，税务部门的税收征管与执法能力明显增强，进一步压缩了企业的逃税空间，有力打击了企业的避税行为，进而抑制了管理层通过避税实现私利的行为，提高了企业的信息披露质量。

从治理效应来看，税收征管数字化升级实现了税务机关与工商、海关等相关部门在全国范围内的信息共享，极大地扩展了税务部门涉税数据的来源，使之能够更为全面、准确、及时地把握纳税人生产经营活动的基本情况，从而显著降低征纳双方的信息不对称（张克中等，2020），提高企业信息透明度。

税收征管数字化升级构建的智慧税收平台，属于持续性强监管。它可以通过外部治理机制的常态化显著缓解管理层与股东之间的代理冲突，弥补现有公司治理机制的缺陷（靳毓等，2022；邓力平等，2022）。代理成本是影响信息披露质量的一个重要因素，代理成本越低，信息披露的准确性越高（袁振超等，2014）。此外，税务部门依托大数据技术对企业纳税风险进行精准识别，通过评估进项发票与销项发票的相关性、添加发票商品编码等方式，实现对企业收入、成本、利润等各项财务数据与应交税额的动态对比、实时和多维监控，显著提升了税收稽查的准确性和有效性（樊勇和李昊楠，2020）。随着税收稽查准确性和有效性的提升，一方面增加了管理层通过盈余管理等操纵行为调整财务结构的难度，抑制了管理层实施盈余管理等操纵行为的动机（叶永卫等，2021）。管理层盈余管理行为的减少，可以有效提高企业信息的披露质量（叶康涛和刘行，2011）。另一方面增加了管理层进行利益输送、"掏空"等异常关联交易行为的成本，抑制了管理层实施上述行为的动机。集团内部关联交易越少的公司，其信息披露质量越高（伍中信和熊新蓝，2016）。

基于上述分析，税收征管数字化升级对企业信息披露的影响如图 7 - 1 所示。

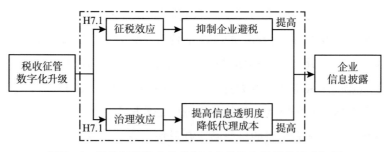

图 7 - 1　税收征管数字化升级对企业信息披露的影响机制

因此，本章提出如下假设：

假设 7.1：假定其他条件保持不变，税收征管数字化升级会提升企业信息披露质量。

7.2　变量定义与模型构建

7.2.1　变量定义

（1）被解释变量。

企业信息披露质量（Disclousre）。本章采用 A 股上市公司信息披露质量的考评结果度量 Disclousre，将信息披露考评结果中的优秀、良好、及格和不及格依次赋值为 1、2、3 和 4。

（2）解释变量。

税收征管数字化升级的政策效应（Post×Treat），具体度量方法同第 4章，此处不再赘述。

（3）中介变量。

中介变量包括企业避税（ETR_1）、代理成本（Acost）和信息透明度（Dd）。ETR_1 的衡量借鉴牛煜皓和张文婷（2023）的研究，等于所得税费用减去递延所得税费用之差除以息税前利润。ETR_1 的值越大，表明企业的实际税率越高，避税程度越低。Acost 和 Dd 的具体度量方法同第 4 章，此处不再赘述。

（4）控制变量。

控制变量包括企业规模（Size）、资产负债率（Lev）、企业成长性（Growth）、股权集中度（Top）、盈利能力（Roa）、管理层持股比例（Manhold）、存货比率（Inr）、市账比（Mb）、债务水平（Debt）、财政自给率（Fiscal）。

主要变量的说明详见表 7 - 1。

表7-1　　　　　　　　　　　　　主要变量说明

变量类型	变量名称	变量符号	变量度量
被解释变量	企业信息披露质量	Disclousre	根据信息披露质量的考评结果由优秀到不及格依次赋值 1 至 4
解释变量	税收征管数字化升级的政策效应	Post × Treat	"金税三期"工程是否上线的虚拟变量
中介变量	企业避税	ETR_1	(所得税费用－递延所得税费用)/息税前利润
	代理成本	Acost	管理费用/营业收入
	信息透明度	Dd	DD 模型
控制变量	企业规模	Size	总资产取自然对数
	资产负债率	Lev	总负债/总资产
	企业成长性	Growth	营业收入增长率
	股权集中度	Top	第一大股东持股比例
	盈利能力	Roa	总资产净利率
	管理层持股比例	Manhold	董监高持股数量占总股数量之比
	存货比率	Inr	存货/总资产
	市账比	Mb	市场价值/账面价值
	债务水平	Debt	总负债取自然对数
	财政自给率	Fiscal	一般预算内收入/一般预算内支出

7.2.2　模型构建

为了验证税收征管数字化升级对企业信息披露质量的影响，本章借鉴欧阳洁等（2023）的研究，通过多期双重差分法构建模型（7.1）进行检验：

$$Disclousre_{ijet} = \alpha_0 + \alpha_1 Post_{jt} \times Treat_{jt} + \alpha_2 \sum Control_{ijet}$$
$$+ \mu_i + \delta_j + \theta_c + \tau_t + \varepsilon_{ijet} \tag{7.1}$$

其中，回归模型的被解释变量是企业信息披露质量，解释变量为税收征管数字化升级的政策效应，Control 表示控制变量；i 为企业，j 为地区，

c 为行业，t 为年份；μ_i 表示企业个体固定效应，δ_j 表示地区固定效应，θ_c 表示行业固定效应，τ_t 表示时间固定效应，ε_{ijct} 为随机误差项。

7.3　实证分析与结果描述

7.3.1　样本选择与数据来源

本章选取 2008~2022 年我国 A 股上市公司为研究样本，剔除金融业、ST 类、*ST 类以及相关指标缺失的企业后剩余 27639 个样本。本章研究数据来自国泰安数据库（CSMAR）和国家统计局网站，主要变量进行了 1% 和 99% 分位上的缩尾处理，并使用 Stata15.0 软件对数据进行处理和统计分析。

7.3.2　描述性统计

表 7-2 显示了主要变量的描述性统计结果。被解释变量企业信息披露质量（Disclousre）的最大值为 4，最小值为 1，均值为 1.976，说明样本上市公司的信息披露质量普遍在良好至优秀之间。解释变量税收征管数字化升级的政策效应（Post×Treat）的均值为 0.634，表明在样本期间共有 63.4% 的上市公司受到了"金税三期"工程的影响。在控制变量方面，企业规模（Size）的均值为 22.050，标准差为 1.256，表明了样本上市公司的资产规模存在显著差别。资产负债率（Lev）的均值为 0.406，说明样本上市公司的偿债能力普遍较强。企业成长性（Growth）的最大值为 2.184，最小值为负数，反映样本上市公司之间的成长性差距较大。股权集中度（Top）的最大值为 0.729，最小值为 0.088，体现了样本上市公司之间股权集中程度的差异较大。盈利能力（Roa）最高为 0.226，最低为负数，表明样本上市公司的盈利能力较弱。管理层持股比例（Manhold）

的均值为 0.159，说明上市公司管理层持股的比例在 15.9% 左右。存货比率（Inr）的最大值和最小值分别为 0.686 和 0，表明样本上市公司的存货周转率差距较大，部分公司出现存货积压或滞销现象。市账比（Mb）的最小值为 1.234，反映了样本上市公司成功为其股东创造了价值。债务水平（Debt）的平均值、最小值和最大值分别为 20.980、17.480、25.630，分别小于企业的总资产取自然对数的平均值、最小值和最大值，证明上市企业出现资不抵债的情况并不多，资产状况普遍良好。财政自给率（Fiscal）的最大值是 0.922，说明所有省（自治区、直辖市）的一般预算内收入均小于一般预算内支出。

表 7 - 2 　　　　　　　　　主要变量的描述性统计结果

变量名称	N	mean	sd	min	p25	p50	p75	max
Disclousre	27639	1.976	0.619	1.000	2.000	2.000	2.000	4.000
Post × Treat	27639	0.634	0.482	0.000	0.000	1.000	1.000	1.000
Size	27639	22.050	1.256	19.840	21.130	21.860	22.740	26.000
Lev	27639	0.406	0.204	0.048	0.241	0.396	0.555	0.887
Growth	27639	0.174	0.375	-0.568	-0.015	0.119	0.285	2.184
Top	27639	0.335	0.144	0.088	0.224	0.312	0.428	0.729
Roa	27639	0.043	0.069	-0.260	0.016	0.043	0.077	0.226
Manhold	27639	0.159	0.207	0.000	0.000	0.027	0.309	0.693
Inr	27639	0.139	0.125	0.000	0.060	0.111	0.178	0.686
Mb	27639	3.824	2.762	1.234	2.207	3.049	4.359	18.920
Debt	27639	20.980	1.659	17.480	19.820	20.870	22.010	25.630
Fiscal	27639	0.648	0.184	0.215	0.462	0.714	0.785	0.922

7.3.3　多元回归分析

表 7 - 3 列示了税收征管数字化升级与企业信息披露质量的基准回

归结果。Post × Treat 的回归系数为 − 0. 0426，且在 5% 的水平上显著，假设 7. 1 得到验证。这反映了税收征管数字化升级提升了企业信息披露质量。可能的原因是，税收征管数字化升级提高了税收执法力度，充分发挥了数据要素驱动下的监督治理作用，实现了对企业经营业务全环节即时验证和监控，有效降低了企业信息披露的违规行为，提升了信息披露质量。

表 7 - 3　　税收征管数字化升级与企业信息披露质量的基准回归结果

变量名称	Disclosure
Post × Treat	− 0. 0426 ** (− 2. 30)
Size	0. 0215 (0. 99)
Lev	0. 8369 *** (11. 13)
Growth	− 0. 0134 (− 1. 48)
Top	− 0. 5354 *** (− 9. 62)
Roa	− 1. 6533 *** (− 24. 74)
Manhold	− 0. 1897 *** (− 4. 78)
Inr	− 0. 2369 *** (− 4. 15)
Mb	− 0. 0041 ** (− 2. 25)
Debt	− 0. 1368 *** (− 6. 63)
Fiscal	− 0. 1446 (− 1. 29)

续表

变量名称	Disclosure
Constant	4. 3772 *** (17. 71)
Year	Yes
Industry	Yes
Province	Yes
Firm	Yes
Observations	27639
Number of id	4065
R – squared	0.088

注: *、** 和 *** 分别表示 10%、5% 和 1% 的显著性水平, 括号内为 t 统计值。

7.3.4 稳健性检验

7.3.4.1 平衡趋势假设检验

在采用多重差分模型估计之前, 需对处理组与对照组企业信息披露质量的差异进行平衡趋势假设检验, 即检验企业信息披露质量的差异是否在"金税三期"工程实施之前就已存在。本章借鉴雅各布森等 (Jacobson et al. , 1993) 的方法, 将模型 (7.1) 中的自变量换成表示"金税三期"工程实施前两年、前一年、当年、后一年、后两年、后三年、后四年及以后年度的哑变量, 即 PRE_2、PRE_1、CUR_0、AFT_1、AFT_2、AFT_3、AFT_4, 同时控制模型 (7.1) 中所涉及的控制变量, 因变量不变。估计结果如表 7 – 4 和图 7 – 2 所示, PRE_2、PRE_1 的系数估计值均不显著, 而 CUR_0、AFT_1、AFT_2、AFT_3、AFT_4 的系数估计值均显著为负, 结果通过了平衡趋势假设检验。

表 7 – 4　　　税收征管数字化升级与企业信息披露质量的平衡趋势假设检验结果

变量名称	PRE$_2$	PRE$_1$	CUR$_0$	AFT$_1$	AFT$_2$	AFT$_3$	AFT$_4$
结果	– 0.0076 (– 0.36)	– 0.0338 (– 1.31)	– 0.0801 *** (– 2.58)	– 0.0722 ** (– 1.99)	– 0.0795 ** (– 1.96)	– 0.1091 ** (– 2.45)	– 0.1166 ** (– 2.31)

变量名称	Control- variables	Year	Industry	Province	Firm	Observations	R – squared
结果	控制	控制	控制	控制	控制	27639	0.088

注：＊、＊＊和＊＊＊分别表示10％、5％和1％的显著性水平，括号内为 t 统计量。

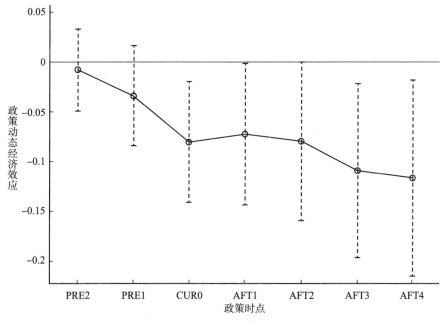

图 7 – 2　税收征管数字化升级与企业信息披露质量的平衡趋势假设检验结果

7.3.4.2　安慰剂检验

为了排除本章的基准回归结果是由偶然性或随机性因素，而并非由"金税三期"工程的实施所致这一担忧，本章借鉴柴提等（2009）的做法，随机将"金税三期"工程分配给企业生成新的实验组和控制组，重复这一过程200次，进行反事实估计。估计的结果如图 7 – 3 所示，随机分配的"金税三期"变量的回归系数都在 0 附近，说明本部分构造的虚拟政策效应并不存在。因此，本章的基准回归结果并非偶然性或随机性因素所致。

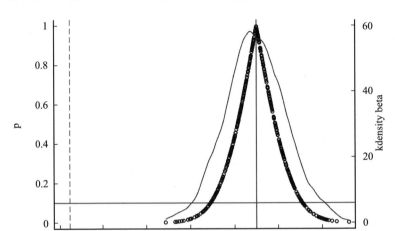

图 7 – 3　税收征管数字化升级与企业信息披露质量的安慰剂检验结果

7.3.4.3　PSM – DID

本章采用 PSM 解决税收征管数字化升级与企业信息披露质量之间可能存在的内生性问题。首先，借鉴孙雪娇等（2021）的做法，选择企业规模、资产负债率、企业成长性、第一大股东持股比例、盈利能力、经营活动净现金流、企业年龄、实际税率作为协变量，使用 Probit 模型估算倾向得分值，进行 1∶1 不放回配对。而后，使用配对出的子样本重新放入模型（7.1）中进行回归检验。检验结果如表 7 – 5 所示，Post × Treat 的回归系数为 – 0.0433，在 5% 的水平上显著，本章基本结论依旧保持不变。

7.3.4.4　替换被解释变量

为进一步确保本章基本结论的正确和稳健，本章替换了企业信息披露质量的度量方法，再放入模型（7.1）中进行回归。本章借鉴翟光宇等（2014）的做法，采用 KV 指数衡量企业信息披露质量：

$$\ln\left|\frac{P_t - P_{t-1}}{P_{t-1}}\right| = \lambda_0 + \lambda\left(\frac{Vol_t}{Vol_0} - 1\right) + \varepsilon \qquad (7.2)$$

表 7 – 5　　　税收征管数字化升级与企业信息披露质量的 **PSM – DID** 检验结果

变量名称	Disclosure
Post × Treat	– 0. 0433 ** (– 2. 34)
Size	0. 0170 (0. 76)
Lev	0. 8159 *** (10. 61)
Growth	– 0. 0132 (– 1. 45)
Top	– 0. 5505 *** (– 9. 75)
Roa	– 1. 6509 *** (– 24. 56)
Manhold	– 0. 2054 *** (– 5. 03)
Inr	– 0. 2327 *** (– 4. 05)
Mb	– 0. 0043 ** (– 2. 37)
Debt	– 0. 1320 *** (– 6. 17)
Fiscal	– 0. 1463 (– 1. 29)
Constant	4. 3831 *** (17. 59)
Year	Yes
Industry	Yes
Province	Yes
Firm	Yes
Observations	27257
Number of id	4065
R – squared	0. 087

注：* 、** 和 *** 分别表示 10% 、5% 和 1% 的显著性水平，括号内为 t 统计值。

模型（7.2）中 P_t 和 Vol_t 分别是第 t 日的股票收盘价和交易量（股数），Vol_0 是研究期间所有交易日的平均日交易量。采用普通最小二乘法针对每家上市公司回归得到的 λ 值构建 KV 指数（不考虑 λ 为负的情况），λ 越小说明信息披露越充分，因此越高的 KV 值代表越低的信息披露质量。替换被解释变量后的回归结果如表 7-6 所示，Post × Treat 的回归系数在 1% 的水平上显著为负。可见，税收征管数字化升级提升企业信息披露质量的结论依旧稳健。

表 7-6　　税收征管数字化升级与企业信息披露质量的稳健性检验

变量名称	替换被解释变量	排除"营改增"政策干扰
	KV	Disclosure
Post × Treat	− 0. 0138 *** （ − 2. 74）	− 0. 0343 * （ − 1. 77）
Size	0. 0205 *** （3. 23）	0. 0215 （0. 91）
Lev	− 0. 2916 *** （ − 13. 95）	0. 7878 *** （9. 69）
Growth	0. 0083 *** （3. 46）	− 0. 0127 （ − 1. 32）
Top	0. 0015 （0. 11）	− 0. 5237 *** （ − 8. 90）
Roa	0. 2207 *** （11. 38）	− 1. 7030 *** （ − 22. 75）
Manhold	0. 0389 *** （3. 25）	− 0. 1924 *** （ − 4. 48）
Inr	0. 0162 （1. 14）	− 0. 1990 *** （ − 3. 29）
Mb	0. 0121 *** （25. 19）	− 0. 0019 （ − 0. 93）

变量名称	替换被解释变量	排除"营改增"政策干扰
	KV	Disclosure
Debt	0. 0463 *** (7. 60)	− 0. 1316 *** (− 5. 86)
Fiscal	0. 1656 *** (5. 70)	− 0. 0723 (− 0. 61)
Constant	− 1. 1854 *** (− 18. 61)	4. 2498 *** (15. 96)
Year	Yes	Yes
Industry	Yes	Yes
Province	Yes	Yes
Firm	Yes	Yes
Observations	37710	24560
Number of id	4758	3652
R − squared	0. 254	0. 082

注: *、** 和 *** 分别表示 10%、5% 和 1% 的显著性水平,括号内为 t 统计值。

7.3.4.5　排除"营改增"政策干扰

为了缓解"营改增"政策对实证结果的干扰,本书参照张玉明等(2023)的做法,将受到"营改增"政策影响最大的现代服务业和交通运输业企业从研究样本中剔除,以观察缓解了"营改增"政策影响后的回归结果。从表 7 – 6 的结果来看,Post × Treat 的系数仍然保持显著,说明结果稳健。

7.3.5　作用机制检验

在模型(7.1)和模型(5.6)的基础上,本部分构造了检验模型

（7.3），借鉴温忠麟等（2004）提出的中介效应检验程序来验证企业避税、代理成本、信息透明度在税收征管数字化升级与企业信息披露质量两者之间的中介效应。具体的检验步骤如下：第一，检验税收征管数字化升级与企业避税、税收征管数字化升级与代理成本、税收征管数字化升级与信息透明度的关系，见模型（5.5）。第二，依次检验税收征管数字化升级、企业避税与企业信息披露质量的关系，税收征管数字化升级、代理成本与企业信息披露质量的关系，税收征管数字化升级、信息透明度与企业信息披露质量的关系，见模型（7.3）。第三，判断模型（7.3）中税收征管数字化升级这一自变量的回归系数，若其回归系数 γ_1 不显著，则说明企业避税、代理成本、信息透明度存在完全中介效应；若其回归系数 γ_1 显著，但低于第一步骤模型（7.1）α_1 的值，则说明企业避税、代理成本、信息透明度存在部分中介效应。

$$\text{Disclousre}_{ijct} = \gamma_0 + \gamma_1 \, \text{Post}_{jt} \times \text{Treat}_{jt} + \gamma_2 \, \text{ETR}_1/\text{Acost}/\text{Dd}_{ijct}$$

$$+ \gamma_3 \sum \text{Control}_{jct} + \mu_i + \delta_j + \theta_c + \tau_t + \varepsilon_{ijct} \qquad (7.3)$$

表 7-7 列示了税收征管数字化升级与企业信息披露质量的作用机制检验结果。就企业避税这一作用机制而言，列（1）反映了税收征管数字化升级与企业避税的回归结果，Post × Treat 的回归系数为 0.0129，且在 5% 的水平上显著，说明税收征管数字化升级显著抑制了企业的避税行为。列（2）反映了税收征管数字化升级、企业避税与企业信息披露质量的回归结果，ETR_1 的回归系数在 1% 的水平上显著为负；Post × Treat 的回归系数为 -0.0412，在 5% 的水平上显著，该系数的绝对值小于表 7-3 基准回归中对应的系数 -0.0426 的绝对值。以上结果表明企业避税在税收征管数字化升级与企业信息披露质量之间发挥着部分中介作用。可能的原因是，税收征管数字化升级的精准监测和事后惩罚均具有威慑效应，企业出于避税成本与收益的考量，为规避税务稽查风险和维护声誉，会减少业绩粉饰行为，进而提升企业信息披露质量（王涛和王建新，2023）。

表 7 - 7　税收征管数字化升级与企业信息披露质量的作用机制检验结果

变量名称	(1) ETR$_1$	(2) Disclosure	(3) Acost	(4) Disclosure	(5) Dd	(6) Disclosure
Post × Treat	0.0129 ** (2.07)	- 0.0412 ** (- 2.22)	- 0.0063 *** (- 4.33)	- 0.0394 ** (- 2.13)	- 0.0098 ** (- 2.44)	- 0.0361 * (- 1.86)
ETR$_1$		- 0.0543 *** (- 2.80)				
Acost				0.5015 *** (6.06)		
Dd						0.0570 * (1.68)
Size	- 0.0030 (- 0.41)	0.0216 (0.99)	0.0012 (0.69)	0.0209 (0.96)	0.0177 *** (3.44)	- 0.0053 (- 0.21)
Lev	- 0.0470 * (- 1.85)	0.8380 *** (11.10)	0.0315 *** (5.33)	0.8211 *** (10.92)	0.0621 *** (3.57)	0.6788 *** (8.07)
Growth	0.0073 ** (2.40)	- 0.0131 (- 1.45)	- 0.0184 *** (- 25.89)	- 0.0042 (- 0.46)	0.0527 *** (26.52)	- 0.0123 (- 1.26)
Top	0.0354 * (1.88)	- 0.5349 *** (- 9.60)	- 0.0082 * (- 1.87)	- 0.5313 *** (- 9.55)	0.0106 (0.86)	- 0.5291 *** (- 8.88)
Roa	0.5150 *** (22.68)	- 1.6326 *** (- 24.02)	- 0.1975 *** (- 37.52)	- 1.5543 *** (- 22.60)	- 0.0150 (- 1.00)	- 1.7438 *** (- 24.05)
Manhold	- 0.0124 (- 0.93)	- 0.1866 *** (- 4.69)	0.0004 (0.13)	- 0.1899 *** (- 4.79)	- 0.0276 *** (- 3.02)	- 0.1915 *** (- 4.34)
Inr	0.0753 *** (3.89)	- 0.2366 *** (- 4.12)	- 0.0625 *** (- 13.89)	- 0.2056 *** (- 3.59)	- 0.0071 (- 0.56)	- 0.1922 *** (- 3.14)
Mb	- 0.0014 ** (- 2.32)	- 0.0038 ** (- 2.07)	0.0009 *** (6.17)	- 0.0045 ** (- 2.49)	- 0.0001 (- 0.26)	- 0.0018 (- 0.90)
Debt	0.0057 (0.81)	- 0.1374 *** (- 6.63)	- 0.0170 *** (- 10.49)	- 0.1283 *** (- 6.20)	- 0.0185 *** (- 3.74)	- 0.0888 *** (- 3.72)
Fiscal	0.0697 * (1.84)	- 0.1481 (- 1.32)	0.0241 *** (2.72)	- 0.1567 (- 1.39)	0.0281 (1.11)	- 0.1879 (- 1.54)
Constant	0.0030 (0.04)	4.3963 *** (17.73)	0.3632 *** (18.66)	4.1951 *** (16.86)	0.0854 (1.55)	4.0827 *** (15.34)

变量名称	(1) ETR$_1$	(2) Disclosure	(3) Acost	(4) Disclosure	(5) Dd	(6) Disclosure
Year	Yes	Yes	Yes	Yes	Yes	Yes
Industry	Yes	Yes	Yes	Yes	Yes	Yes
Province	Yes	Yes	Yes	Yes	Yes	Yes
Firm	Yes	Yes	Yes	Yes	Yes	Yes
Observations	27559	27559	27639	27639	24104	24104
R – squared	0.052	0.088	0.271	0.089	0.100	0.089
Number of id	4061	4061	4065	4065	3742	3742

注：*、** 和 *** 分别表示10%、5%和1%的显著性水平，括号内为t统计值。

就代理成本这一作用机制而言，表7-7中列（3）反映了税收征管数字化升级与代理成本的回归结果，Post × Treat 的回归系数为 -0.0063，且在1%的水平上显著，说明税收征管数字化升级显著降低了企业的代理成本。列（4）反映了税收征管数字化升级、代理成本与企业信息披露质量的回归结果，Acost 的回归系数在1%的水平上显著为正；Post × Treat 的回归系数为 -0.0394，在5%的水平上显著，该系数的绝对值小于表7-3基准回归中对应的系数 -0.0426 的绝对值。以上结果表明代理成本在税收征管数字化升级与企业信息披露质量之间发挥着部分中介作用。可能的原因是，税收征管数字化升级一方面可以通过外部治理机制的常态化显著缓解管理层与股东之间的代理冲突，有效弥补了现有公司治理机制的缺陷；另一方面，将企业的管理层薪酬、成本管理、真实经营业绩等暴露在公开信息环境之下，缩小了管理层操纵信息的空间，提高了管理层的声誉成本，有效抑制管理层在经营活动中的机会主义动机（牛彪等，2023）。

就信息透明度这一作用机制而言，表7-7中的列（5）反映了税收征管数字化升级与信息透明度的回归结果，Post × Treat 的回归系数为 -0.0098，且在5%的水平上显著，说明税收征管数字化升级显著提高了企业信息的透明度。列（6）反映了税收征管数字化升级、信息透明度与企业信息披露质量的回归结果，Dd 的回归系数在 10% 的水平上显著为正；Post ×
Treat 的回归系数为 - 0.0361，在 10% 的水平上显著，该系数的绝对值小于表 7 - 3 基准回归中对应的系数 - 0.0426 的绝对值。以上结果表明信息透明度在税收征管数字化升级与企业信息披露质量之间发挥着部分中介作用。可能的原因是，税收征管数字化升级可以通过集中有效的大数据分析实现企业与税务部门之间的信息互验，既为信息使用者提供了更加广泛有效的信息，又提高了税务机关调查企业信息合规性的效率，有效改善了整个市场的信息环境，降低了企业信息披露违规的操纵空间，增加了信息披露违规的成本，从而提高企业信息披露质量（牛彪等，2023）。

7.3.6　异质性分析

7.3.6.1　企业所有权性质的异质性

国有企业在我国经济体制中的地位比较特殊，既承担着一般企业所追求的利润最大化经营目标，又担负着政府所赋予的许多政治和社会职能。以"金税三期"工程为代表的税收征管数字化升级，实现了税务部门与工商、海关等相关部门在全国范围内的信息共享，极大地扩展了税务部门涉税数据的来源，使得税务机关能够准确把握纳税企业生产经营活动的基本情况。在这一背景下，国有企业的信息透明度更高，其发挥"领头羊"作用更为明显，高质量披露企业信息的动机和意愿更强。因此，本部分预期税收征管数字化升级对国有企业信息披露质量的提升更显著。

为了验证上述预期，本部分根据企业所有权性质划分为国有企业、民营企业两类回归样本，分样本回归结果如表 7 - 8 所示。在国有企业样本中，Post × Treat 的回归系数在 1% 水平上显著为负；而在民营企业样本中，Post × Treat 的回归系数为负，但不显著。可见，税收征管数字化升级提升企业信息披露质量这一效应对国有企业更显著。

表7-8　　　　　　依据企业所有权性质分组的异质性检验结果

变量名称	国有企业组	民营企业组
Post × Treat	-0.0964*** (-2.74)	-0.0292 (-1.33)
Size	-0.0006 (-0.01)	0.0473* (1.88)
Lev	0.6983*** (4.33)	0.9084*** (10.16)
Growth	-0.0259 (-1.53)	-0.0039 (-0.36)
Top	-0.1852* (-1.80)	-0.5215*** (-7.23)
Roa	-1.0797*** (-7.26)	-1.7273*** (-22.16)
Manhold	0.7192** (2.12)	-0.1370*** (-3.16)
Inr	-0.1623 (-1.50)	-0.2818*** (-3.97)
Mb	-0.0057* (-1.65)	-0.0031 (-1.39)
Debt	-0.1182** (-2.24)	-0.1668*** (-7.06)
Fiscal	0.1811 (0.93)	-0.3292** (-2.32)
Constant	4.4292*** (9.02)	4.5469*** (14.79)
Year	Yes	Yes
Industry	Yes	Yes
Province	Yes	Yes
Firm	Yes	Yes
Observations	8043	19105
R-squared	0.063	0.105
Number of id	1275	3009

注：*、**和***分别表示10%、5%和1%的显著性水平，括号内为t统计值。

7.3.6.2　内部治理水平的异质性

本部分从内部控制和公司治理两方面阐述因内部治理水平的差异对税收征管数字化升级与企业信息披露质量两者关系的不同影响。一方面，由于发展目标、管理模式、治理结构等的不同，不同的上市公司会形成不同的内部制衡机制，并对外部冲击作出不同的反应（牛彪等，2023）。内部控制对企业信息披露质量具有显著的正向影响（张月玲和周娜，2020）。税收征管数字化升级作为一种有效的外部治理机制，在内部控制不健全或执行效果较差时，可以部分替代内部控制的作用（谭玶，2021）。另一方面，公司治理水平越低的企业，信息披露质量越低，而有效的公司治理能显著提升企业的信息披露质量（丁庭选，2011）。税收征管的数字化升级可以作为一种外部治理手段，有效抑制公司治理水平较低企业的盈余管理、研发操纵和关联交易行为（王涛和王建新，2023），进而提升其信息披露质量。因此，本部分预期税收征管数字化升级对企业信息披露质量的提升作用在内部治理水平低组中更为显著。

为了验证上述预期，本部分按照第 5 章内部治理水平的度量方法进行分组回归，回归后的异质性检验结果如表 7 – 9 所示。在内部控制质量（公司治理水平）较低的样本中，Post × Treat 的回归系数显著为负；而在内部控制质量（公司治理水平）更高的样本中，Post × Treat 的回归系数虽为负，但不显著。可见，税收征管的数字化升级对企业信息披露质量的提升作用在内部治理水平低组中更为显著。

表 7 – 9　　　　　　　　依据公司治理水平分组的异质性检验结果

变量名称	内部控制质量高组	内部控制质量低组	公司治理水平高组	公司治理水平低组
Post × Treat	− 0. 0025 （− 0. 09）	− 0. 0778 *** （− 2. 68）	− 0. 0160 （− 0. 61）	− 0. 0682 ** （− 2. 52）
Size	0. 0024 （0. 07）	− 0. 0164 （− 0. 42）	0. 0510 * （1. 66）	− 0. 0091 （− 0. 26）

续表

变量名称	内部控制质量高组	内部控制质量低组	公司治理水平高组	公司治理水平低组
Lev	0.5983 *** (4.95)	0.6016 *** (4.66)	0.8582 *** (7.97)	0.6338 *** (5.41)
Growth	0.0344 *** (2.67)	−0.0166 (−1.11)	−0.0106 (−0.83)	−0.0073 (−0.54)
Top	−0.4409 *** (−5.40)	−0.5069 *** (−5.37)	−0.8272 *** (−7.47)	−0.3370 *** (−4.23)
Roa	−1.1777 *** (−8.25)	−1.5035 *** (−15.86)	−1.5953 *** (−17.36)	−1.6231 *** (−15.42)
Manhold	−0.2270 *** (−3.50)	−0.1510 ** (−2.21)	−0.1218 ** (−2.17)	−0.0166 (−0.13)
Inr	−0.0690 (−0.75)	−0.1654 * (−1.83)	−0.1659 ** (−1.98)	−0.3071 *** (−3.55)
Mb	−0.0071 ** (−2.35)	0.0008 (0.30)	−0.0051 * (−1.84)	−0.0005 (−0.19)
Debt	−0.0968 *** (−2.96)	−0.0453 (−1.20)	−0.1621 *** (−5.74)	−0.0973 *** (−2.85)
Fiscal	0.0424 (0.25)	−0.5846 *** (−2.94)	−0.2600 (−1.54)	0.1150 (0.72)
Constant	4.3110 *** (10.11)	3.7836 *** (9.30)	4.6627 *** (11.79)	4.1849 *** (10.80)
Year	Yes	Yes	Yes	Yes
Industry	Yes	Yes	Yes	Yes
Province	Yes	Yes	Yes	Yes
Firm	Yes	Yes	Yes	Yes
Observations	12400	12411	13753	13762
R − squared	0.052	0.103	0.101	0.070
Number of id	3234	3340	2709	2462

注：* 、** 和 *** 分别表示10%、5%和1%的显著性水平，括号内为 t 统计值。

7.3.6.3　媒体关注程度的异质性

新闻媒体在企业与社会公众之间搭建了信息传递的桥梁，不仅能将企业出现的负面事件和短视行为在公众面前予以曝光，还能在公众尤其是潜在投资者之间扩大企业利好消息的传播范围，提高企业利好消息的传播速度，这实质是对企业信息披露的激励和鞭策。因此，本部分预期税收征管数字化升级对媒体关注度高的企业信息披露质量的提升更显著。

为了验证上述预期，本部分分别以每年报刊财经新闻和网络新闻标题中出现该公司的新闻总数进行统计，按年份计算的中位数为标准，进行高低分组后放入模型（7.1）中进行回归，分组后的异质性检验结果如表 7-10 所示。在媒体关注度较高组，Post × Treat 的回归系数为 - 0.0542，在 10% 的水平上显著为负；在媒体关注度较低组，Post × Treat 的回归系数为负但不显著。这表明受媒体关注度高的企业，税收征管数字化升级提升其信息披露质量更显著。可能的原因是，媒体关注度低的企业，其信息不对称程度更高，出于理性人的考虑，管理层更有动机做出选择性的信息披露，其信息披露质量越差（王涛和王建新，2023）。因此，税收征管数字化升级对信息披露质量的提升作用在媒体关注度低的企业更不显著。

表 7-10　　　　　　依据媒体关注度高低分组的异质性检验结果

变量名称	媒体关注度高组	媒体关注度低组
Post × Treat	- 0.0542 * (- 1.91)	- 0.0374 (- 1.40)
Size	0.0499 (1.50)	- 0.0188 (- 0.59)
Lev	1.0166 *** (8.97)	0.6812 *** (6.00)
Growth	- 0.0348 ** (- 2.56)	- 0.0078 (- 0.57)

变量名称	媒体关注度高组	媒体关注度低组
Top	-0.4934^{***} (-5.57)	-0.4223^{***} (-5.13)
Roa	-1.6130^{***} (-16.22)	-1.7184^{***} (-16.92)
Manhold	-0.1771^{***} (-2.73)	-0.1842^{***} (-3.27)
Inr	-0.0909 (-1.00)	-0.3204^{***} (-3.86)
Mb	-0.0053^{**} (-2.02)	-0.0069^{**} (-2.25)
Debt	-0.1812^{***} (-5.81)	-0.0918^{***} (-3.00)
Fiscal	-0.0573 (-0.32)	-0.2571 (-1.61)
Constant	4.2489^{***} (10.58)	4.6858^{***} (12.52)
Year	Yes	Yes
Industry	Yes	Yes
Province	Yes	Yes
Firm	Yes	Yes
Observations	13757	13882
R – squared	0.097	0.088
Number of id	3318	3394

注：*、** 和 *** 分别表示 10%、5% 和 1% 的显著性水平，括号内为 t 统计值。

7.3.6.4 行业竞争程度的异质性

行业竞争程度高的企业会面临更大的威胁，因而会从多方面提升自己的竞争能力，其中包括企业信息披露质量（王运陈等，2023）。此外，企业所处市场竞争越强烈，管理层越有可能进行盈余管理，但税收征管数字化升级能在一定程度上抑制激烈竞争所增加的机会主义行为（杨兴全和丁琰，2023）。因此，本部分预期税收征管数字化升级对行业竞争程度较高企业信息披露质量的提升更显著。

　　为了验证上述预期，本部分采用企业勒纳指数衡量行业竞争程度，该指标的具体度量方法同第 5 章。而后，以企业勒纳指数的均值为标准进行高低分组。分组后的异质性检验结果如表 7 - 11 所示，在行业竞争程度较高的样本中，Post × Treat 的回归系数在 5% 的水平上显著；而在行业竞争程度较低的样本中，Post × Treat 的回归系数虽为负，但不显著。可见，税收征管的数字化升级对企业信息披露质量的提升作用在行业竞争程度较高组中更为显著。可能的原因是，与竞争程度较低的行业相比，税务管理机构更容易获取竞争程度较高行业的企业信息，对企业的监管也更为便利；同时，高竞争行业中的企业面临的竞争压力更大，其利益相关者也更有动机发挥监督治理职能（牛彪等，2023）。

表 7 - 11　　　　　依据行业竞争程度高低分组的异质性检验结果

变量名称	行业竞争程度低组	行业竞争程度高组
Post × Treat	- 0.0100 (- 0.33)	- 0.0616 ** (- 2.51)
Size	0.0442 (1.39)	- 0.0367 (- 1.00)
Lev	1.0383 *** (8.25)	0.4868 *** (4.08)
Growth	0.0136 (0.99)	- 0.0322 ** (- 2.46)
Top	- 0.6777 *** (- 6.62)	- 0.5281 *** (- 6.71)
Roa	- 1.1326 *** (- 8.64)	- 1.7052 *** (- 17.51)

变量名称	行业竞争程度低组	行业竞争程度高组
Manhold	−0.0918 (−1.47)	−0.2283 *** (−3.86)
Inr	−0.0841 (−0.86)	−0.2796 *** (−3.40)
Mb	−0.0139 *** (−4.53)	0.0005 (0.19)
Debt	−0.1787 *** (−5.98)	−0.0423 (−1.18)
Fiscal	−0.0902 (−0.50)	−0.2214 (−1.42)
Constant	4.2436 *** (9.49)	4.2340 *** (11.75)
Year	Yes	Yes
Industry	Yes	Yes
Province	Yes	Yes
Firm	Yes	Yes
Observations	12357	14930
R − squared	0.059	0.087
Number of id	2923	2862

注：* 、** 和 *** 分别表示10%、5%和1%的显著性水平，括号内为 t 统计值。

7.3.6.5 地区信息化水平的异质性

信息化城市是指充分实现信息化的城市，此类城市经济社会发展各领域的数字化、网络化、智能化均达到较高的水平（张新红等，2012）。一般而言，非信息化城市可能由于数字基础设施建设落后，导致信息透明度较低，企业信息披露质量也不高。税收征管数字化升级使得税务部门能够获取更多、更准确的企业信息，并通过集中有效的大数据分析等技术实现企业信息的相互验证，提高了企业信息的透明度，改善了整个市场的信息质量环境（Hanlon et al.，2014；袁娇等，2021；樊勇等，2022）。因此，本部分预期税收征管的数字化升级对企业信息披露质量的提升作用在非信息化城市中的企业更为显著。

为了验证上述预期，根据工业和信息化部及国家发改委 2014 年联合发布的"宽带中国"示范城市（城市群）名单①，将城市划分为信息化城市、非信息化城市两类进行分组回归。分组回归结果如表 7 - 12 所示，在非信息化城市的样本中，Post × Treat 的回归系数为 - 0.0503，且在 5% 水平上显著；而在信息化城市的样本中，Post × Treat 的回归系数虽为负，但不显著。可见，税收征管的数字化升级对企业信息披露质量的提升作用在非信息化城市中的企业更为显著。

表 7 - 12　　　　依据是否信息化城市分组的异质性检验结果

变量名称	信息化城市	非信息化城市
Post × Treat	- 0.0302 （- 0.94）	- 0.0503 ** （- 2.11）
Size	0.0375 （1.23）	- 0.0128 （- 0.41）
Lev	0.8429 *** （7.91）	0.8152 *** （7.58）
Growth	- 0.0121 （- 0.93）	- 0.0155 （- 1.22）
Top	- 0.4821 *** （- 5.52）	- 0.5901 *** （- 7.98）
Roa	- 1.6610 *** （- 17.33）	- 1.6453 *** （- 17.48）

① 2014 年度"宽带中国"示范城市（城市群）名单：第一类，直辖市及城市群。包括北京市、天津市、上海市、长株潭城市群。第二类，其他城市及省直管县。包括石家庄市、大连市、本溪市、延边朝鲜族自治州、哈尔滨市、大庆市、南京市、苏州市、镇江市、昆山市、金华市、芜湖市、安庆市、福州市（含平潭）、厦门市、泉州市、南昌市、上饶市、青岛市、淄博市、威海市、临沂市、郑州市、洛阳市、武汉市、广州市、深圳市、中山市、成都市、攀枝花市、阿坝藏族羌族自治州、贵阳市、银川市、吴忠市、阿拉尔市。

变量名称	信息化城市	非信息化城市
Manhold	-0.2353*** (-4.08)	-0.1440*** (-2.59)
Inr	-0.3335*** (-4.01)	-0.1725** (-2.14)
Mb	-0.0070*** (-2.68)	-0.0018 (-0.69)
Debt	-0.1406*** (-4.90)	-0.1173*** (-3.91)
Fiscal	0.0238 (0.15)	-0.3178** (-1.98)
Constant	4.2444*** (10.52)	4.6365*** (12.94)
Year	Yes	Yes
Industry	Yes	Yes
Province	Yes	Yes
Firm	Yes	Yes
Observations	13277	14340
R-squared	0.083	0.096
Number of id	1978	2141

注：*、**和***分别表示10%、5%和1%的显著性水平，括号内为 t 统计值。

7.3.6.6 市场化进程的异质性

在市场化进程较高的地区，政府行为更加规范，税收执法更加严格。因此，在市场化进程较高的地区，信息披露质量高的企业，其合法权益不仅可以得到有效保障，而且可以向利益相关者传递出良好的企业声誉；反之，企业将面临更严厉的处罚和更高的声誉损失。因此，本部分预期在市场化进程较高的地区，税收征管数字化升级对企业信息披露质量的提升更显著。

为了验证上述预期，本部分分别以王小鲁等（2021）提出的市场化总指数的均值和中位数为基准，将样本企业分为市场化进程高低两组。由于该指数的最新统计截止日期为 2019 年，本部分参考马连福等（2015）的做法，推算出 2020～2022 年各地区的该指数。分组后的进一步测试结果如表 7 - 13 所示，无论是以均值还是中位数分组，在市场化进程较高组，Post × Treat 的回归系数均在 5% 水平上显著为负；在市场化进程较低组，Post × Treat 的回归系数为负但在 10% 的水平上显著或不显著。这表明税收征管数字化升级对企业信息披露质量的正向作用将随着市场化进程的加深而增强。

表 7 - 13　　　　　依据市场化进程高低分组的异质性检验结果

变量名称	均值分组		中位数分组	
	市场化进程高组	市场化进程低组	市场化进程高组	市场化进程低组
Post × Treat	- 0. 0662 ** (- 2. 29)	- 0. 0482 * (- 1. 84)	- 0. 0668 ** (- 2. 09)	- 0. 0387 (- 1. 59)
Size	- 0. 0407 (- 1. 27)	0. 0806 ** (2. 46)	- 0. 0304 (- 0. 88)	0. 0561 * (1. 80)
Lev	0. 7477 *** (6. 74)	0. 8452 *** (7. 49)	0. 6988 *** (5. 85)	0. 8362 *** (7. 82)
Growth	- 0. 0343 *** (- 2. 59)	0. 0027 (0. 21)	- 0. 0363 ** (- 2. 55)	0. 0027 (0. 22)
Top	- 0. 6813 *** (- 8. 11)	- 0. 2926 *** (- 3. 40)	- 0. 6541 *** (- 7. 18)	- 0. 3025 *** (- 3. 70)
Roa	- 1. 5335 *** (- 16. 79)	- 1. 7470 *** (- 16. 28)	- 1. 4869 *** (- 15. 26)	- 1. 7462 *** (- 17. 61)
Manhold	- 0. 1424 *** (- 2. 61)	- 0. 1496 ** (- 2. 06)	- 0. 1234 ** (- 2. 09)	- 0. 1419 ** (- 2. 11)
Inr	- 0. 2833 *** (- 3. 32)	- 0. 1595 * (- 1. 79)	- 0. 2471 *** (- 2. 73)	- 0. 1873 ** (- 2. 23)

变量名称	均值分组		中位数分组	
	市场化进程高组	市场化进程低组	市场化进程高组	市场化进程低组
Mb	−0.0088 *** (−3.34)	0.0004 (0.16)	−0.0081 *** (−2.88)	0.0000 (0.01)
Debt	−0.0893 *** (−2.93)	−0.1747 *** (−5.67)	−0.0889 *** (−2.70)	−0.1562 *** (−5.33)
Fiscal	−0.3285 * (−1.86)	−0.2236 (−1.21)	−0.2850 (−1.49)	−0.2159 (−1.29)
Constant	5.2248 *** (9.59)	3.7515 *** (10.40)	4.8575 *** (7.97)	3.8272 *** (11.16)
Year	Yes	Yes	Yes	Yes
Industry	Yes	Yes	Yes	Yes
Province	Yes	Yes	Yes	Yes
Firm	Yes	Yes	Yes	Yes
Observations	15363	12276	13671	13968
R − squared	0.086	0.083	0.082	0.084
Number of id	3290	2297	3100	2642

注：*、** 和 *** 分别表示 10%、5% 和 1% 的显著性水平，括号内为 t 统计值。

7.3.7　进一步测试

ESG 是环境（Environmental）、社会（Social）和公司治理（Governance）的英文首字母缩写，它是一种兼顾经济、社会和环境可持续发展的从善向善理念（黄世忠，2021）。本部分将从征税效应和治理效应两方面阐述税收征管数字化升级对企业 ESG 信息披露质量的影响。

从征税效应来看，税收征管数字化升级意味着税收管理更规范、税收征收更严密、税收检查更严格，企业逃税和避税的途径将大幅度减少（张克中等，2020；李增福等，2021），推升了企业的实际税负（Li et al.，2020；Xiao et al.，2020；张克中等，2020；欧阳洁等，2023），降低了企业的留存收益和现金流，难以为企业履行 ESG 责任、提升 ESG 绩效提供必要的资金支持。此外，第 4 章已证实税收征管数字化升级发挥的征税效应加剧了企业融资约束。一般而言，当企业融资较为困难时，往往会保留相当数量的流动性资产以供后续经营或应对未来可能的突发情况使用，此时企业往往无心谈及社会责任的履行（陈峻和郑惠琼，2020）。

从治理效应来看，税收征管被视为对企业运营监控的一项重要外部约束机制，它可以降低股东与管理者之间、控股股东和债权人之间以及大股东和小股东之间的信息不对称程度，进而缓解以上三类代理冲突（Desai et al.，2007；Guedhami and Pittman，2008；曾亚敏和张俊生，2009）。近年来，国家税务总局也在进一步深化与中国人民银行、工业和信息化部、国家市场监督管理总局的跨部门信息共享和交流合作机制，逐步扩大企业信息联网核查系统功能。这将大大提高企业信息的透明度和税收征管的分析能力，降低制度性的交易成本，企业的治理绩效势必进一步提升。

同时，在税收征管数字化升级后，税务机关利用税收大数据可以筛选生成享受税收优惠政策企业的清册名单，并更加精准地推送至企业，确保企业应享尽享、应享快享税收优惠。宽松灵活的税收优惠政策能够激发企业增加研发领域的投入，当企业研发成本的税收优惠提高 10%，研发投入将提高 20%（Rao，2016）。而研发投入的增加又促进了企业环境绩效的提升（Alam et al.，2019）。此外，随着税收征管的强化，研发税收优惠政策能够激励企业将更多的资源投入绿色技术创新中（张翼和王书蓓，2019）。企业通过对产品、工艺和管理方面的绿色技术创新实现能源节约，通过材料循环利用方面的绿色技术创新实现成本降低。这无疑将提升企业的资源利用效率，获得较好的产品溢价，提高企业的经济效益。而绿色技术创新水平的提升又将使企业获得政府相关部门更多的关注、扶持或奖励。这样的良性循环无疑将激发企业在环境保护方面的投入热情，达到提升环境绩效水平的目的。

企业践行 ESG 责任实现 ESG 绩效水平的提升后，将 ESG 信息披露出来可以向资本市场传递企业良好的公司治理质量和利益相关者保护的信息，获得良好的社会声誉。基于上述分析，税收征管数字化升级对企业ESG 信息披露质量到底是正向还是负向影响仍有待进一步检验。

本部分根据华证ESG 年末评级结果由低到高依次赋值1 至9 衡量企业ESG 信息披露质量，同时控制企业规模（Size）、资产负债率（Lev）、企业成长性（Growth）、股权集中度（Top）、盈利能力（Roe）、管理层持股比例（Manhold）、债务水平（Debt）、企业应尽纳税义务（Tax）、市账比（Mb）、机构持股比例（Inst）、经济发展水平（Pgdp）、产业结构（Indus-trial）变量。税收征管数字化升级与企业ESG 信息披露质量的基准回归结果如表7 – 14 列（1）所示。Post × Treat 的回归系数为 0.1156，且在 5% 的水平上显著，反映了税收征管数字化升级提升了企业 ESG 信息披露质量。

表7 – 14 列（2）至列（5）反映了税收征管数字化升级与企业 ESG 信息披露质量的作用机制检验结果。就代理成本这一作用机制而言，列（2）反映了税收征管数字化升级与代理成本的回归结果，Post × Treat 的回归系数为 – 0.0056，且在 1% 的水平上显著，说明税收征管数字化升级显著降低了企业的代理成本。列（3）反映了税收征管数字化升级、代理成本与企业 ESG 信息披露质量的回归结果，Acost 的回归系数在 1% 的水平上显著为负；Post × Treat 的回归系数为 0.1098，在 5% 的水平上显著，该系数小于列（1）基准回归中对应的系数 0.1156。以上结果表明代理成本在税收征管数字化升级与企业 ESG 信息披露质量之间发挥着部分中介作用。就信息透明度这一作用机制而言，列（4）反映了税收征管数字化升级与信息透明度的回归结果，Post × Treat 的回归系数为 – 0.0084，且在5% 的水平上显著，说明税收征管数字化升级显著提高了企业信息的透明度。列（5）反映了税收征管数字化升级、信息透明度与企业 ESG 信息披露质量的回归结果，Dd 的回归系数在 1% 的水平上显著为负；Post × Treat 的回归系数为 0.1132，在 5% 的水平上显著，该系数小于列（1）基准回归中对应的系数 0.1156。以上结果表明信息透明度在税收征管数字化升级与企业 ESG 信息披露质量之间发挥着部分中介作用。

表 7 - 14　税收征管数字化升级与企业 ESG 信息披露质量的回归结果

变量名称	基准回归结果	作用机制检验结果			
	(1)	(2)	(3)	(4)	(5)
	ESG	Acost	ESG	Dd	ESG
Post × Treat	0.1156 ** (2.07)	-0.0056 *** (-3.00)	0.1098 ** (1.97)	-0.0084 ** (-2.05)	0.1132 ** (1.99)
Acost			-1.2619 *** (-7.14)		
Dd					-0.3504 *** (-3.48)
Size	0.2589 *** (5.66)	-0.0003 (-0.15)	0.2588 *** (5.66)	0.0108 ** (2.56)	0.2064 *** (3.84)
Lev	-2.1495 *** (-12.89)	-0.0677 *** (-10.84)	-2.2389 *** (-13.40)	0.0507 *** (3.73)	-2.4446 *** (-12.94)
Growth	-0.2417 *** (-8.58)	-0.0133 *** (-11.96)	-0.2579 *** (-9.16)	0.0616 *** (17.44)	-0.2107 *** (-7.01)
Top	0.0968 (1.14)	-0.0287 *** (-11.22)	0.0619 (0.73)	0.0141 ** (2.45)	0.1322 (1.40)
Roe	2.1678 *** (20.34)	-0.1123 *** (-26.48)	2.0238 *** (18.63)	-0.0110 * (-1.81)	2.1815 *** (18.58)
Manhold	1.6780 *** (22.15)	-0.0125 *** (-5.38)	1.6649 *** (21.98)	0.0108 ** (2.11)	1.4940 *** (17.26)
Debt	0.2225 *** (4.88)	-0.0088 *** (-4.64)	0.2115 *** (4.64)	-0.0190 *** (-4.52)	0.3310 *** (6.14)
Tax	-0.0280 ** (-2.47)	0.0011 ** (2.57)	-0.0265 ** (-2.34)	0.0007 (0.96)	-0.0373 *** (-2.98)
Mb	-0.0341 *** (-7.26)	0.0035 *** (17.80)	-0.0296 *** (-6.24)	0.0010 *** (2.88)	-0.0196 *** (-3.82)
Inst	0.7571 *** (11.23)	-0.0030 (-1.43)	0.7549 *** (11.20)	0.0135 *** (2.92)	0.5627 *** (7.37)

变量名称	基准回归结果	作用机制检验结果			
	（1）	（2）	（3）	（4）	（5）
	ESG	Acost	ESG	Dd	ESG
Pgdp	-0.3875* (-1.72)	0.0145* (1.95)	-0.3637 (-1.61)	0.0252 (1.55)	0.0958 (0.38)
Industrial	-1.8640*** (-2.81)	-0.0482** (-2.04)	-1.9359*** (-2.92)	-0.0873* (-1.76)	-1.9094** (-2.57)
Constant		0.2844*** (18.48)		0.1316*** (4.06)	
Year	Yes	Yes	Yes	Yes	Yes
Industry	Yes	Yes	Yes	Yes	Yes
Province	Yes	Yes	Yes	Yes	Yes
Observations	34341	34341	34341	27844	27844
R-squared		0.336		0.167	
Pseudo R-squared	0.0675		0.0680		0.0693

注：*、** 和 *** 分别表示 10%、5% 和 1% 的显著性水平，括号内为 t 统计值。

7.4 本章小结

本章选取 2008~2022 年我国 A 股非金融类上市公司为研究对象，以企业信息披露为切入点，采用我国"金税三期"工程这一准自然实验来刻画税收征管数字化升级，构建双重差分模型经验分析了税收征管数字化升级对企业信息披露质量的影响（如图 7-4 所示）。在异质性分析中，本章研究了不同企业性质、内部治理水平、媒体关注程度、行业竞争程度、地区信息化水平和市场化进程下，税收征管数字化升级对企业信息披露质量的异质性影响。在进一步测试中，本章探究了税收征管数字化升级对企业 ESG 信息披露质量的影响。实证研究的结果显示：（1）税收征管数字化升级会提升企业信息披露质量。机制检验结果表明，税收征管数字化升级主要通过抑制企业避税、降低代理成本和提高信息透明度进而提升企业信息披露质量。（2）在异质性分析中，发现税收征管数字化升级提升企业信息披露质量这一效应对国有企业、内部治理水平较低、媒体关注程度较高、行业竞争程度较高、处于非信息化城市以及市场化进程较高地区的企业更显著。（3）在进一步测试中，证实税收征管数字化升级通过降低代理成本、提高信息透明度进而提升企业 ESG 信息披露质量。（4）在稳健性检验中，采用平衡趋势假设检验、安慰剂检验、PSM – DID、替换被解释变量、排除"营改增"政策干扰五种方法，上述多元回归分析结果均与主测试结果一致。

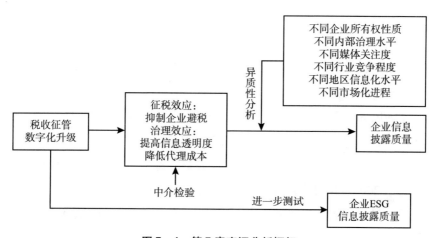

图 7 – 4　第 7 章实证分析框架

第8章 研究结论及政策建议

8.1 研究结论

本书理论研究部分主要运用归纳演绎、比较分析等方法，实证研究部分主要采用数理统计分析法，以全面系统检验税收征管数字化升级影响企业财务行为的内在机制及异质性。具体而言，首先对税收征管数字化升级影响企业财务行为的作用机理、税收征管数字化升级影响企业财务行为的异质性进行了理论阐述并构建理论原型。然后，将此原型嵌入我国的市场环境及制度背景中，梳理出相关的研究命题。最后，根据研究命题建立假设，选取 2008~2022 年我国 A 股非金融类上市公司为研究对象，进行实证检验，最终形成具体的研究结论。在理论分析与实证研究的基础上，本书得出的研究结论主要包含以下四个方面。

第一，税收征管数字化升级会显著影响企业的融资行为。本部分以融资约束为切入点，采用我国"金税三期"工程这一准自然实验来刻画税收征管数字化升级，构建双重差分模型经验分析了税收征管数字化升级对企业融资约束的影响、作用机制及异质性。实证研究的结果显示：（1）税收征管数字化升级加剧了企业的融资约束。机制检验结果表明，税收征管数字化升级通过提高实际税负进而加剧企业融资约束。（2）在异质性分析中，揭示了税收征管数字化升级加剧企业融资约束这一效应对非新兴行业、行业竞争程度较高、处于市场化进程较低地区的企业更显著。（3）在进一步测试中，将融资规模区分为债权融资规模和股权融资规模，证实税收征管数字化升级降低了企业的债权融资规模和股权融资规模；将融资成本区分为债务资本成本和权益资本成本，发现税收征管数字化升级提高了企业的债务资本成本。（4）在稳健性检验中，采用平衡趋势假设检验、安慰剂检验、PSM – DID 和排除"营改增"政策干扰四种方法，上述多元回归分析结果与主测试结果一致。

第二，税收征管数字化升级会显著影响企业的投资行为。本部分以投资效率为切入点，采用我国"金税三期"工程这一准自然实验来刻画税收征管数字化升级，构建双重差分模型经验分析了税收征管数字化升级对企业投资效率的影响、作用机制及异质性。实证研究的结果显示：（1）税收征管数字化升级抑制了企业的过度投资和投资不足，提高了企业的投资效率。机制检验结果表明，税收征管数字化升级通过降低代理成本和提高信息透明度进而提高企业的投资效率。（2）在异质性分析中，揭示了税收征管数字化升级提升投资效率这一效应对民营、无政治关联、内部治理水平较高、媒体（分析师）关注程度较高、行业竞争程度较高以及处于市场化进程较高的企业更显著。（3）在进一步测试中，证实税收征管数字化升级会减少企业投资规模。此外，将投资区分为固定资产投资和金融资产投资，发现税收征管数字化升级促使企业减少了固定资产投资，增加了金融资产投资。（4）在稳健性检验中，采用平衡趋势假设检验、安慰剂检验、PSM – DID、替换非效率投资度量方式和排除"营改增"政策干扰五种方法，上述多元回归分析结果与主测试结果一致。

第三，税收征管数字化升级会显著影响企业的经营行为。本部分以经营风险为切入点，采用我国"金税三期"工程这一准自然实验来刻画税收征管数字化升级，构建双重差分模型经验分析了税收征管数字化升级对企业经营风险的影响、作用机制及异质性。实证研究的结果显示：（1）税收征管数字化升级提高了企业经营风险。机制检验结果表明，税收征管数字化升级主要通过提高企业实际税负进而加剧企业经营风险。（2）在异质性分析中，发现税收征管数字化升级对企业经营风险的加剧作用在内部治理水平较低、媒体（分析师）关注程度较低、行业竞争较高以及处于市场化进程较低的企业更明显。（3）在进一步测试中，证实税收征管数字化升级会降低企业经营效率。（4）在稳健性检验中，采用平衡趋势假设检验、安慰剂检验、PSM - DID 和排除"营改增"政策干扰影响四种方法，上述多元回归分析结果与主测试结果一致。

第四，税收征管数字化升级会显著影响企业信息披露行为。本部分以企业信息披露为切入点，采用我国"金税三期"工程这一准自然实验来刻画税收征管数字化升级，构建双重差分模型经验分析了税收征管数字化升级对企业信息披露质量的影响、作用机制及异质性。实证研究的结果显示：（1）税收征管数字化升级会提升企业信息披露质量。机制检验结果表明，税收征管数字化升级主要通过抑制企业避税、降低代理成本和提高信息透明度进而提升企业信息披露质量。（2）在异质性分析中，发现税收征管数字化升级提升企业信息披露质量这一效应对国有企业、内部治理水平较低、媒体关注程度较高、行业竞争程度较高、处于信息化城市以及市场化进程较高的企业更显著。（3）在进一步测试中，证实税收征管数字化升级通过降低代理成本、提高信息透明度进而提升企业 ESG 信息披露质量。（4）在稳健性检验中，采用平衡趋势假设检验、安慰剂检验、PSM - DID、替换企业信息披露质量的度量方式和排除"营改增"政策干扰五种方法，上述多元回归分析结果与主测试结果一致。

8.2　政策建议

8.2.1　政府方面

（1）推进以"金税四期"工程为代表的税收征管平台建设。

第一，夯实数据基础。以"金税四期"工程为代表的税收征管平台，在数据的采集方面具有广泛性、全面性和持续性，使得税务机关掌握了海量、精细的企业微观数据。根据目前"金税四期"工程的实际建设情况，其数据来源主要包括税务系统数据、企业数据、互联网数据和第三方数据等结构化数据，缺乏半结构化或者非结构化数据。结合税收征管数字化升级的特点，可以考虑利用大数据处理技术增加反映企业生产、经营、管理等的订单，内部规章制度等半结构化数据，以及图片、声音、视频等非结构化数据。通过夯实税收征管的数据基础，扩大税收征管的数据范围，使得税收征管平台能够提供更多、更及时、更多样化和更加可靠的税务信息，为合理税收征管、优化企业内部治理、改善企业经营管理提供数据基础。

第二，提高数据整合水平和使用效率。以"金税四期"工程为代表的税收征管平台拥有海量数据，但目前涉税数据还存在标准不一、碎片化、应用较弱等问题，亟待进一步整合和挖掘以提高使用效率。税务机关首先应建立规范的数据标准体系，做到同一数据口径统一、内涵一致，切实满足数据分析工作的需要。其次应加快各信息系统的数据整合，将碎片化的数据连接起来，并依托云平台技术建设一体化的大数据平台，彻底打破相互割裂的"信息孤岛"。最后应积极强化互联网、云计算、区块链以及人工智能等新技术在税收征管中的运用，提高税收大数据的使用效率，全方位地将大数据信息反馈到企业中去，动态服务企业的税款征收、内部治理、生产经营和投融资决策等各个方面。

第三，完善数据安全保障体系。随着税收征管数字化升级的不断深入，各类涉税数据规模呈指数级增长。数据管理中出现丢失、篡改、虚假、低质、冗杂等问题；数据安全中出现误删除、病毒、黑客、盗取等问题；与企业或其他政府部门的涉税信息共享时，面临数据交互的标准、企业信息的安全与保密、数据使用场景等问题也逐渐暴露。税务机关首先应完善税收大数据安全治理体系和管理制度，常态化开展数据安全风险评估和检查，提高对税收信息系统漏洞的发现能力，健全监测预警和应急处置机制。其次应提升工作人员的信息安全意识，对涉税信息泄露事件进行追责，从源头上杜绝数据泄露的可能。最后应根据涉税数据的重要性和涉密程度设置不同的安全等级和访问权限，对可共享数据采取匿名化处理，以求在数据开放和安全保障之间达到平衡。

（2）发挥纳税信用评级披露制度的资源配置作用。

税务部门首先要确保纳税信用评级所依据原始信息的准确性、全面性，有效保证纳税信用评级披露结果的公正性和权威性。在现有只公布评级依据和 A 级纳税人名单之外，还应探索开放其他纳税信用等级为 B、C、D 的企业名单，考虑在一定程度上公开评级过程，以提升纳税信用评级与管理的透明度与公信度，压缩纳税人的寻租空间，充分发挥纳税信用评级制度的资源配置作用。其次，加大对失信企业的稽查力度，扩大失信的联合严惩面，提高失信企业的违法成本和信用重构成本。如对失信纳税人在今后的纳税申报、税务稽查及其他涉税事项审批时加大稽查力度，将其作为重点检查对象，并在税收优惠、银行贷款、行政许可等领域予以严格限制，让失信者为其纳税不遵从行为付出更大代价。再次，应加强与银行等金融机构间的联动，进一步完善和扩大针对纳税信用评级为 A 级企业的激励政策和激励范围，使纳税信用成为企业融资和参与市场竞争的重要资产。如可酌情考虑低利息、大面额、贷款期限更为长久的贷款项目，并加快放款速度；针对企业所处行业、所在地理位置等特点，提供有针对性的贷款服务，尤其注重破除非国有企业的融资困境。最后，寻找重点激励对象和专项激励领域，提升激励政策的效率和精准度。如被列为重点激励对象的企业除了纳税信用评级为 A，还应在成长性、社会责任感等方面具有较高的特质；专项激励领域则应包括研发、产学研的结合及创新成果产业化链条的各个环节及相关领域。这样可以避免因"一刀切"而降低企业创新的积极性。

（3）加强与政府其他相关部门的多方联动。

数字经济背景下，数据已经成为实现税收征管数字化升级的重要基础条件。当前，税务部门提供的纳税依据、纳税信用，部分公检法部门提供的信息以及海关、工商、卫生监管等部门掌握的企业生产经营信息一般情况下难以共享。这就需要税务部门在进行税收管理过程中，与公检法部门、银保监、海关、工商、卫生监管等政府部门建立良好的合作关系，在信息交换、资源共享和执法联动等方面通过数据驱动及多方融合实现多元化的税收共治效果。税务部门首先应建立《信息共享清单》，明确信息种类、共享内容、共享方式、责任单位等，整合各级税务机关、公检法、海关、工商以及卫生监管等部门的涉企信息资源，包括纳税信息、不动产信息、行政强制信息、水电气费缴纳信息和科技研发信息等。将中小企业分散化、碎片化的信息资源纳入信息共享大数据平台中，充分发挥数据信息在金融风险识别、监测、管理、处置等环节中的作用。其次，应配合公检法部门、银保监、海关、工商、卫生监管等政府部门明确数据信息管理权限、数据保护等级、数据存储方式、信息安全监控和风险评估机制等内容，从法律法规和日常监督管理上充分保障数据安全。这不仅有助于为投资者识别优质企业提供更准确的参考依据，也有助于企业在进行研发、并购等风险活动时获得更多的资源支持。

（4）实行分级分类服务管理和差异化的税收改革措施。

首先税务部门通过数据归集和分析预测，从所处行业、企业规模等不同维度，坚持多样化办税需求导向，细化服务分类，精准把握纳税人的基本信息、服务内容、方案流程，不断提升纳税人的获得感，确保优质高效便捷服务。同时，积极推行智能型个性化服务，对纳税人提供精准数据画像，逐步从无差别服务向智能化服务转变，提供政策推送、在线提问、风险提醒、办税行为等全方位多角度服务，为纳税人提供数据分析、精准预测与决策支持，为企业提供"一企一策"服务方案。其次，税务部门应重视地区之间的经济发展差异，推行差异化的税收改革措施。东部、中西部地区的经济发展水平和税负承受能力存在明显差异，要加大对中西部地区的税收优惠力度，降低中西部地区税收负担。税收征管数字化升级对处于不同竞争程度的企业财务行为产生的影响有所不同，税务部门要留意行业差异，采取差异化的监管措施。国有企业、民营企业对税收征管数字化升级的反应也不一致，民营企业的投资效率在税收征管数字化升级后出现了显著上升，说明在数字化征管带来企业实际税负上升的背景下，应该更多关注减税措施在民营企业"稳投资"中的作用。

（5）培育税收征管数字化升级所需的复合型税务人才。

税收征管数字化升级后的应用效果通常会受到税务人员素质的影响约束。首先，税务部门应坚持专业培养路径，广泛开展征管科技、信息技术、风险管理、统计分析等专业培训，利用"智税"竞赛、能手选拔等方式，重点培养一批既懂业务又懂技术的复合型税务人才，储备一批工程师级别的智税精英，形成一批具有研究能力和战略视野的税务专家，为税收征管数字化升级提供人才保障。其次，税务部门应积极探索实践培养模式，通过上挂下派、跟班学习、岗位锻炼、专项攻坚以及与高等院校、科研院所、高端企业密切合作等方式，选拔培养适应税收征管数字化升级要求的高素质税务人才，加强科学理念的引导和前沿知识的灌输，鼓励各类税务人才勇挑重担、积极奉献、建功立业，以坚实的人才基础保障税收征管数字化升级效能最大限度的发挥。最后，税务部门应优化复合型人才的配置，将既懂技术又懂业务的复合型人才配置在核心工作岗位，加强业务岗位人员与信息技术岗位人员的交叉流动，突破人才发展的瓶颈，做到"人岗相适"，确保税收征管数字化升级的各项措施落实到位。

（6）落实结构性减税降费政策。

本书从征税效应角度证实了企业的融资约束以及经营风险对税收征管数字化升级带来的税负增加较为敏感，企业融资约束程度和经营风险均显著上升。因此，在目前我国经济存在下行压力的背景下，政府首先应坚持"放水养鱼"的减税降费政策，简政放权，减轻微观企业整体税费负担以培育其积极性。只有微观企业盘活，才能为税款征收提供源头活水，进而扩大总需求和稳定经济增长。其次，在总体减税降费的前提下，进一步落实好结构性减税降费政策，加大对重点对象减税降费的政策支持，精准施策以更好地发挥减税降费政策的效果，最终实现产业结构优化、产业升级、企业创新能力提升和经济高质量发展的目标。同时，在宏观层面配合"三去一降一补"，引导资源向合理的产业流动，从而可以使减税降费政策成为供给侧结构性改革的重要抓手，为宏观经济提供更加强劲的增长动力。

8.2.2　企业方面

（1）辩证认识税收征纳关系。

传统观点认为，税务机关与企业之间的关系是截然对立的、不和谐的零和博弈关系。通过本书的研究，便于企业摒弃税收征管只会压缩其利润空间、增加其资金负担的片面观点，有助于企业全面、客观地评价我国税收征管数字化升级对企业投资效率、ESG 信息披露等财务行为带来的积极影响。税收征管数字化升级不仅会产生征税效应，更是一种有效的公司治理外部机制，可以为企业带来积极的治理效应。企业在意识到税收征管的这一关键作用后，应自觉将其纳税活动纳入企业的内部控制制度中，并把经营活动的重心和更多有效资源置于改善内部管理、提升产品质量、加大研发创新等增强企业真实盈利能力和经营效率的活动上，进一步提升企业市场竞争优势和财务绩效，最终实现企业的健康、长远发展。

（2）完善内部控制体系。

对于内部控制质量不同的企业，税收征管数字化升级对企业财务行为的影响存在显著差异，应积极促进企业完善内部控制体系、改善内部控制环境，持续提升内部控制质量，为税收征管数字化升级效果的充分发挥提供有力的内部治理机制保障。首先，企业应以《企业内部控制基本规范》《企业内部控制配套指引》等文件为依据，结合实际情况，建立健全企业内部控制制度。同时不断创新和完善企业的内部控制体系，制定科学的发展战略和目标，全面培育内部控制文化，明确相关部门人员的职责和权限。其次，企业应加强内部与外部监督。通过设置内部审计机构或建立内部控制评价系统，强化对企业内部控制的监督和评估，并针对出现的新问题和新情况及时予以修正。同时，发挥注册会计师的外部监督作用，由高素质的注册会计师来评价和监督企业的内部控制。

（3）提高内部税务管理人员素质。

首先，企业可以以优厚的薪资待遇、良好的福利条件等，吸引更多高水平的税务管理人才，以保证税务管理人才能真正应对税收征管数字化升级后带来的变化，增强其对公司重大生产经营活动的决策支持能力。其次，企业可以强化与高等院校的合作，采取订单式人才培养模式，将企业所需税务管理人才的要求传递给高等院校，由高等院校制定针对性、科学性的人才培养方案，保证学生所学知识能够满足税收征管数字化升级的需求。最后，企业可以聘请专家到企业开展知识、技能培训或专题演讲，让税务管理人员及时了解到最新的信息，从而科学应用大数据手段。同时，税务管理人员也要增强学习的主动性和积极性，对税收征管数字化升级后的变化、要求等做到了如指掌，提升对税务信息的识别能力，从而快速定位数据价值。

参 考 文 献

［1］蔡昌、林高怡、王卉乔：《税收征管与企业融资约束——基于金税三期的政策效应分析》，载《会计研究》2021 年第 5 期。

［2］蔡栋梁、王聪、邱黎源：《信贷约束对农户消费结构优化的影响研究——基于中国家庭金融调查数据的实证分析》，载《农业技术经济》2020 年第 3 期。

［3］蔡蕾：《税收征管能够有效抑制企业非效率投资吗》，载《中国注册会计师》2018 年第 9 期。

［4］陈峻、郑惠琼：《融资约束、客户议价能力与企业社会责任》，载《会计研究》2020 年第 8 期。

［5］陈晓光、雷良海：《增值税改革对交通运输行业的税负影响》，载《金融经济》2013 年第 2 期。

［6］陈志斌、范圣然：《政府质量、市场化程度与现金—现金流敏感性——来自后金融危机时期的经验证据》，载《审计与经济研究》2015 年第 2 期。

［7］程静、陶一桃：《所得税税率优惠对企业投资偏好的影响》，载《统计与决策》2020 年第 22 期。

［8］戴罗仙、蔡颖源：《柔性税收征管对企业投资效率的影响——基于纳税信用管理制度的研究》，载《江淮论坛》2022 年第 4 期。

［9］邓力平、陈丽、王智烜：《高质量推进新时代税收征管现代化》，载《当代财经》2022 年第 6 期。

［10］丁庭选：《上市公司财务治理与信息披露关系研究》，载《会计之友》2011 年第 27 期。

［11］董必荣、王璇：《董事会断裂带与企业投资效率》，载《商业研究》2022 年第 5 期。

［12］董斌、张兰兰：《地区腐败对企业经营效率的影响研究》，载《经济与管理评论》2020 年第 3 期。

［13］窦超、王乔菀、陈晓：《政府背景客户关系能否缓解民营企业融资约束?》，载《财经研究》2020 年第 11 期。

［14］樊勇：《优化进口税收政策体系支持经济社会健康发展》，载《中国财政》2021 年第 24 期。

［15］樊勇、李昊楠：《税收征管、纳税遵从与税收优惠——对金税三期工程的政策效应评估》，载《财贸经济》2020 年第 5 期。

［16］樊勇、朱沁瑶、刘江龙：《涉税信息披露、企业避税与溢出效应——来自国别报告实施的经验证据》，载《财贸经济》2022 年第 7 期。

［17］范子英、田彬彬：《税收竞争、税收执法与企业避税》，载《经济研究》2013 年第 9 期。

［18］付文林、赵永辉：《税收激励、现金流与企业投资结构偏向》，载《经济研究》2014 年第 5 期。

［19］郜中凯：《引入新技术：适合的才是最好的》，载《中国税务报》2021 年 7 月 21 日。

［20］黄世忠：《ESG 理念与公司报告重构》，载《财会月刊》2021 年第 17 期。

［21］吉赟、王贞：《税收负担会阻碍企业创新吗?——来自"金税工程三期"的证据》，载《南方经济》2019 年第 3 期。

［22］贾明、张喆：《高管的政治关联影响公司慈善行为吗?》，载《管理世界》2010 年第 4 期。

［23］江春、雷振锋、李小林：《金融市场开放能降低企业营运风险吗?》，载《现代财经（天津财经大学学报)》2023 年第 7 期。

［24］蒋尧明、赖妍：《企业社会资本、产品市场竞争与上市公司违规行为》，载《中南财经政法大学学报》2017 年第 5 期。

［25］蒋艺翅、姚树洁：《ESG 信息披露、外部关注与企业风险》，载

《系统管理学报》2023 年第 10 期。

[26] 靳毓、文雯、冯晓晴：《柔性税收征管对企业投资效率的影响研究——基于纳税信用评级披露的经验证据》，载《江苏社会科学》2022 年第 4 期。

[27] 冀云阳、高跃：《税收治理现代化与企业全要素生产率——基于企业纳税信用评级准自然实验的研究》，载《财经研究》2020 年第 12 期。

[28] 纪亚方、梁日新、池亚楠：《大数据税收征管能抑制企业违规行为吗——基于"金税三期"的准自然实验分析》，载《当代财经》2023 年第 2 期。

[29] 荆新、王化成、刘俊彦：《财务管理学》，中国人民大学出版社 2020 年版。

[30] 孔玉生、马晓睿：《上市公司权益资本成本影响因素研究——基于我国上市公司 2011 年数据的实证检验》，载《财会通讯》2014 年第 9 期。

[31] 李博阳、沈悦、张嘉望：《金融资产配置、企业经营风险与企业杠杆率》，载《当代经济科学》2019 年第 5 期。

[32] 李广众、贾凡胜：《政府财政激励、税收征管动机与企业盈余管理——以财政"省直管县"改革为自然实验的研究》，载《金融研究》2019 年第 2 期。

[33] 李清、马泽汉：《企业税负与会计信息质量关系研究》，载《南京审计大学学报》2023 年第 5 期。

[34] 李建军、王冰洁：《税收征管、企业税负与全要素生产率——来自"金税三期"准自然实验的证据》，载《经济学报》2022 年第 4 期。

[35] 李慧敏、燕晓春：《韩国税收征管数字化的主要做法、效应评价及启示》，载《税务研究》2023 年第 3 期。

[36] 李蒙、李秉祥、张涛涛：《融券卖空机制能够约束控股股东股权质押行为吗？——基于"准自然实验"的经验证据》，载《系统管理学报》2023 年第 3 期。

[37] 李南海、叶艳艳、王冰：《纳税信用会提升企业投资效率吗?》，载《南京财经大学学报》2023 年第 1 期。

［38］李青原、蒋倩倩：《税收征管与盈余管理——基于"所得税分享改革"准自然试验》，载《经济评论》2020年第5期。

［39］李世刚、黄一松：《大数据税收征管能抑制企业过度投资吗?》，载《税务研究》2022年第1期。

［40］李小奕：《税收征管、法律环境与民营企业融资约束》，载《会计之友》2018年第24期。

［41］李旭红、周沛洋：《加力提效　统筹合力　助推中国式现代化开局起步》，载《财政监督》2023年第4期。

［42］李渊、李铁宁：《试论税收征管在国家治理中的重要性及其作用机制》，载《税务研究》2017年第8期。

［43］李增福、骆展聪、杜玲等：《"信息机制"还是"成本机制"?——大数据税收征管何以提高了企业盈余质量》，载《会计研究》2021年第7期。

［44］林树、葛逸云：《经济政策关联度、公司治理与投资效率》，载《现代经济探讨》2023年第3期。

［45］刘春、孙亮：《税收征管能降低股价暴跌风险吗?》，载《金融研究》2015年第8期。

［46］刘忠、李殷：《税收征管、企业避税与企业全要素生产率——基于2002年企业所得税分享改革的自然实验》，载《财贸经济》2019年第7期。

［47］刘和祥：《"以数治税"税收征管模式的基本特征、基础逻辑与实现路径》，载《税务研究》2022年第10期。

［48］刘铠豪：《税收征管与企业对外投资：来自"金税工程三期"的证据》，载《南方经济》2021年第12期。

［49］刘圻、赵沪晓：《员工持股计划中高管认购比例是否影响企业投资偏好》，载《现代财经（天津财经大学学报)》2022年第8期。

［50］刘京焕、朱泓锟、谢立成：《纳税信用评级与中小企业债务融资》，载《中南财经政法大学学报》2022年第5期。

［51］刘啟仁、赵灿、黄建忠：《税收优惠、供给侧改革与企业投

资》，载《管理世界》2019 年第 1 期。

［52］刘同洲、李万甫：《基于数据增值的税收征管数字化转型路径研究》，载《财政研究》2022 年第 4 期。

［53］刘行、叶康涛：《金融发展、产权与企业税负》，载《管理世界》2014 年第 3 期。

［54］刘贯春、叶永卫、张军：《税收征管独立性与企业信息披露质量——基于国地税合并的准自然实验》，载《管理世界》2023 年第 6 期。

［55］吕怀立、徐媛媛：《腐败与公司财务行为研究述评和展望——兼述中国式反腐的作用机制》，载《西安财经学院学报》2019 年第 2 期。

［56］鲁学博：《数字化转型对企业经营风险的影响及作用机制——基于中国 A 股上市公司的经验证据》，载《北京师范大学学报（社会科学版）》2023 年第 3 期。

［57］马连福、王丽丽、张琦：《混合所有制的优序选择：市场的逻辑》，载《财贸研究》2015 年第 1 期。

［58］牛彪、王建新、于翔：《税收征管数字化升级与上市公司信息披露违规——"金税三期"工程的治理效应检验》，载《西部论坛》2023 年第 4 期。

［59］牛煜皓、张文婷：《反垄断与企业避税：压力效应还是治理效应?》，载《上海财经大学学报》2023 年第 3 期。

［60］欧阳洁、黄永颖、张克中：《税收征管的数字化转型与企业投资：中国的经验证据》，载《财贸研究》2023 年第 5 期。

［61］潘越、王宇光、戴亦一：《税收征管、政企关系与上市公司债务融资》，载《中国工业经济》2013 年第 8 期。

［62］权小锋、徐星美、许荣：《社会责任强制披露下管理层机会主义行为考察——基于 A 股上市公司的经验证据》，载《管理科学学报》2018 年第 12 期。

［63］任国哲：《大数据时代完善税收征管制度体系的思考》，载《税务研究》2019 年第 9 期。

［64］舒欢、叶南客、邹维：《企业社会责任承担与经营风险——来

自上市工程企业的证据》，载《社会科学》2022 年第 12 期。

　　［65］四川省国际税收研究会课题组、罗元义：《运用大数据推进税收征管现代化的研究》，载《税收经济研究》2020 年第 2 期。

　　［66］孙刚：《税收征管与上市企业资本性投资效率研究——来自地方政府违规税收优惠或返还的初步证据》，载《中央财经大学学报》2017 年第 11 期。

　　［67］孙雪娇、翟淑萍、于苏：《柔性税收征管能否缓解企业融资约束—来自纳税信用评级披露自然实验的证据》，载《中国工业经济》2019 年第 3 期。

　　［68］孙雪娇、翟淑萍、于苏：《大数据税收征管如何影响企业盈余管理？——基于"金税三期"准自然实验的证据》，载《会计研究》2021 年第 1 期。

　　［69］申明浩、庞钰标、杨永聪：《税收征管数字化与企业投融资期限错配》，载《商业研究》2023 年第 6 期。

　　［70］谭珩：《推动税收征管变革的纲领性文件——〈关于进一步深化税收征管改革的意见〉评析》，载《税务研究》2021 年第 6 期。

　　［71］汤晓建、杜东英、谢丽娜等：《税收征管规范化改善了企业财务报告质量吗——基于税务行政处罚裁量基准的准自然实验》，载《会计研究》2023 年第 2 期。

　　［72］田彬彬、谷雨：《征管独立性与税收收入增长——来自国税局长异地交流的证据》，载《财贸经济》2018 年第 11 期。

　　［73］童锦治、黄克珑、林迪珊：《税收征管、纳税遵从与企业经营效率——来自我国上市公司的经验证据》，载《当代财经》2016 年第 3 期。

　　［74］王敬勇、徐雯、薛丽达：《自愿性战略合作信息披露质量与公司经营风险》，载《科学决策》2022 年第 3 期。

　　［75］王梦婷、徐婧仪、管永昊：《大数据背景下的纳税服务优化》，载《财会月刊》2018 年第 17 期。

　　［76］王娜、王跃堂、王亮亮：《企业所得税影响公司薪酬政策

吗？——基于企业所得税改革的经验研究》，载《会计研究》2013 年第
5 期。

[77] 王攀、郭晓冬、吴晓晖：《机构投资者"分心"与企业研发操
纵》，载《科研管理》2023 年第 8 期。

[78] 王曙光、章力丹、张泽群：《税收征管现代化的科学内涵与发
展路径》，载《税务研究》2021 年第 10 期。

[79] 王涛、王建新：《税收征管数字化对公司信息披露质量的影响：
治理效应分析视角》，载《现代财经（天津财经大学学报）》2023 年第 9 期。

[80] 王小鲁、胡李鹏、樊纲：《中国分省份市场化指数报告（2021）》，
社会科学文献出版社 2021 年版。

[81] 王雪平：《税收执法提升了企业财务报告质量吗——基于"金
税工程三期"的准自然实验》，载《贵州财经大学学报》2020 年第 3 期。

[82] 王丽、吴乐、王云霞：《税收征管与商业信用融资——基于
"金税三期"的准自然实验》，载《财会月刊》2023 年第 11 期。

[83] 王亚男、王帅、王玉婷等：《纳税信用评级制度与企业商业信
用融资——基于激励效应视角的研究》，载《经济科学》2023 年第 6 期。

[84] 王运陈、杨若熠、贺康等：《数字化转型能提升企业 ESG 表现
吗？——基于合法性理论与信息不对称理论的研究》，载《证券市场导
报》2023 年第 7 期。

[85] 温忠麟、张雷、侯杰泰等：《中介效应检验程序及其应用》，载
《心理学报》2004 年第 5 期。

[86] 伍中信、熊新蓝：《集团内部关联交易、信息披露质量与权益
资本成本》，载《会计之友》2016 年第 17 期。

[87] 吴斌、舒竹语：《税收征管对企业全要素生产率的影响机制分
析——来自金税三期工程准自然实验的证据》，载《华东理工大学学报
（社会科学版）》2023 年第 5 期。

[88] 肖作平：《终极所有权结构对权益资本成本的影响——来自中
国上市公司的经验证据》，载《管理科学学报》2016 年第 1 期。

[89] 徐经长、曾雪云：《公允价值计量与管理层薪酬契约》，载《会

计研究》2010 年第 3 期。

　　[90] 许伟、陈斌开：《税收激励和企业投资——基于 2004~2009 年增值税转型的自然实验》，载《管理世界》2016 年第 5 期。

　　[91] 谢波峰、谢思董：《2021 年税收征管研究综述》，载《税务研究》2022 年 03 期。

　　[92] 严涣、肖卫国：《数字化背景下企业金融化、内部控制与投资效率关系的实证研究》，载《工程管理科技前沿》2022 年第 4 期。

　　[93] 闫慧慧：《大数据税收征管与企业金融资产配置——基于期限结构异质性视角》，载《财会月刊》2023 年第 15 期。

　　[94] 杨刚、喻彪：《审计师行业专长与企业劳动投资效率》，载《西南大学学报（社会科学版）》2023 年第 2 期。

　　[95] 杨华军、胡奕明：《制度环境与自由现金流的过度投资》，载《管理世界》2007 年第 9 期。

　　[96] 杨兴全、丁琰：《税收征管如何影响企业现金持有——基于"金税三期"的准自然实验》，载《贵州财经大学学报》2023 年第 3 期。

　　[97] 姚震、郑禹、鲁斯琪等：《经济政策不确定性与企业融资约束——基于企业异质性与融资渠道的研究》，载《工业技术经济》2020 年第 8 期。

　　[98] 叶康涛、刘行：《税收征管、所得税成本与盈余管理》，载《管理世界》2011 年第 5 期。

　　[99] 于文超、周雅玲、肖忠意：《税务检查、税负水平与企业生产效率——基于世界银行企业调查数据的经验研究》，载《经济科学》2015 年第 2 期。

　　[100] 于井远、周萌：《善治之税：数字化监管与中小企业融资困境》，载《商业研究》2023 年第 3 期。

　　[101] 于文超、殷华、梁平汉：《税收征管、财政压力与企业融资约束》，载《中国工业经济》2018 年第 1 期。

　　[102] 袁娇、陈俊言、王敏：《数字经济时代的税制改革路径：基于税制与征管互动关系的思考》，载《税务研究》2021 年第 12 期。

　　[103] 袁振超、岳衡、谈文峰：《代理成本、所有权性质与业绩预告

精确度》，载《南开管理评论》2014 年第 3 期。

[104] 叶永卫、李佳轩、云锋：《大数据税收征管与企业会计稳健性》，载《财贸研究》2021 年第 32 期。

[105] 曾亚敏、张俊生：《税收征管能够发挥公司治理功用吗？》，载《管理世界》2009 年第 3 期。

[106] 翟光宇、武力超、唐大鹏：《中国上市银行董事会秘书持股降低了信息披露质量吗？——基于 2007 - 2012 年季度数据的实证分析》，载《经济评论》2014 年第 2 期。

[107] 章程、谌韵灵、郑施晴等：《纳税服务的国际借鉴与比较》，载《国际税收》2018 年第 8 期。

[108] 张慧毅、佟欣：《数字金融能否降低企业债务违约风险——基于公司治理水平和分析师关注度的调节作用》，载《金融理论与实践》2023 年第 8 期。

[109] 张克中、欧阳洁、李文健：《缘何"减税难降负"：信息技术、征税能力与企业逃税》，载《经济研究》2020 年第 3 期。

[110] 张玲、朱婷婷：《税收征管、企业避税与企业投资效率》，载《审计与经济研究》2015 年第 2 期。

[111] 张明：《税收征管与企业全要素生产率——基于中国非上市公司的实证研究》，载《中央财经大学学报》2017 年第 1 期。

[112] 张巍、田霏、郭墨：《数字驱动下优质高效智能新型纳税服务体系的构建》，载《税务研究》2022 年第 9 期。

[113] 张先治、于悦：《会计准则变革、企业财务行为与经济发展的传导效应和循环机理》，载《会计研究》2013 年第 10 期。

[114] 张新红、于凤霞、刘厉兵等：《信息化城市的内涵、特征及其发展》，载《电子政务》2012 年第 Z1 期。

[115] 张秀莲：《基于税收信息化条件下我国纳税服务体系的构建》，载《税务研究》2009 年第 8 期。

[116] 张学勇、廖理：《股权分置改革、自愿性信息披露与公司治理》，载《经济研究》2010 年第 4 期。

［117］张翼、王书蓓：《政府环境规制、研发税收优惠政策与绿色产品创新》，载《华东经济管理》2019 年第 9 期。

［118］张玉明、刘晗、李双、邢超：《数字化税收征管与企业研发操纵行为——基于金税三期工程的准自然实验》，载《外国经济与管理》2023 年第 8 期。

［119］张月玲、周娜：《内部控制、审计监督与会计信息披露质量》，载《财会通讯》2020 年第 9 期。

［120］张勇：《诚信纳税与企业商业信用融资——来自中国纳税信用 A 级企业的经验证据》，载《金融论坛》2021 年第 6 期。

［121］张志强、韩凤芹：《大数据税收征管对企业税收遵从度的影响研究》，载《审计与经济研究》2023 年第 5 期。

［122］赵涛：《数字化背景下税收征管国际发展趋势研究》，载《经济研究参考》2020 年第 12 期。

［123］赵云辉、张哲、冯泰文等：《大数据发展、制度环境与政府治理效率》，载《管理世界》2019 年第 11 期。

［124］朱凯、潘舒芯、胡梦梦：《智能化监管与企业盈余管理选择——基于金税三期的自然实验》，载《财经研究》2021 年第 10 期。

［125］詹新宇、王蓉蓉、杨清原：《税收征管技术进步对企业 TFP 的影响及其机制研究——基于"征税效应"和"治理效应"》，载《安徽师范大学学报（人文社会科学版）》2022 年第 3 期。

［126］中国注册会计师协会：《税法》，中国财政经济出版社 2023 年版。

［127］Alam M S, Atif M, Chien - Chi C, et al., Does Corporate R&D Investment Affect Firm Environmental Performance？ Evidence From G - 6 Countries. *Energy Economics*, No. 78, 2019, pp. 401 - 411.

［128］Ali M, Shifa A B, Shimeles A, et al., Information Technology and Fiscal Capacity in A Developing Country：Evidence from Ethiopia. ICTD Working Paper, 2015.

［129］Arfah H S, Qaumy R, Milla S S & A H, The Potential of An Artificial Intelligence (AI) Application For The Tax Administration System'S Modernization: The Case of Indonesia. *Artificial Intelligence and Law*, Vol. 31, No. 3, pp. 491 – 514.

[130] Biddle G, Hilary G, Verdi R, How Does Financial Reporting Quality Relate to Investment Efficiency? *Journal of Accounting ad Economics*, Vol. 48, No. 2, 2009, pp. 112 – 131.

[131] Bird R. M. , Zolt E. M. , Tax Policy in Emerging Countries. *Environment and Planning C: Government and Policy*, Vol. 26, No. 1, 2008, pp. 73 – 86.

[132] Buckwalter D N, Sharp Y N, Wilde H J, et al. , Are State Tax Amnesty Programs Associated with Financial Reporting Irregularities? *Public Finance Review*, Vol. 42, No. 6, 2014, pp. 774 – 799.

[133] Chen F, Hope O, Li Q, Wang X, Financial Reporting Quality and Investment Efficiency of Private Firms in Emerging Market. *The Accounting Review*, Vol. 86, No. 4, 2011, pp. 1255 – 1288.

[134] Chen L H, Research on Tax Collection and Administration Application and Legal Issues Based on Big Data Analysis, *Journal of Sensors*, No. 2, 2022, pp. 1 – 11.

[135] Chen F, Yongwei Y, Caiquan B. Tax Enforcement and Corporate Financial Irregularities: Evidence from China, *International Review of Financial Analysis*, Vol. 88, 2023.

[136] Chen L F, He R Z, Does Digital Tax Enforcement Drive Corporate Digitalization? Evidence from the Golden Tax Project Ⅲ in China: A pre-registered report, *Pacific – Basin Finance Journal*, Vol. 83, 2024.

[137] Chetty R, Looney A, Kroft K, Salience and Taxation: Theory and Evidence. *American Economic Review*, Vol. 99, No. 4, 2009, pp. 1145 – 1177.

[138] Dechow P M, Dichev I D, The Quality of Accruals and Earnings: the Role of Accrual Estimation Errors. *Accounting Review*, No. 77, 2002, pp.

35 – 59.

[139] Desai M A, Dyck A, Zingales L, Theft and Taxes. *Journal of Financial Economics*, Vol. 84, No. 3, 2007, pp. 591 – 623.

[140] Florian – B A, Adriana – R M, Ileana N, Digitalization of Business-Implications on Tax Evasion Dimensions. *Proceedings of the International Conference on Business Excellence*, Vol. 17, No. 1, 2023, pp. 1888 – 1896.

[141] Guedhami O, Pittman J, The Importance of IRS Monitoring to Debt Pricing in Private Firms. *Journal of Financial Economics*, Vol. 90, No. 1, 2008, pp. 38 – 58.

[142] Guo Y, Wang J, Wang H, et al. , The Impact of Big Data Tax Collection and Management on Inefficient Investment of Enterprises—A Quasi – Natural Experiment Based on the Golden Tax Project Ⅲ. *International Review of Economics and Finance*, Vol. 92, 2024, pp. 678 – 689.

[143] Hanlon M, Hoopes J L, Shroff N, The Effect of Tax Authority Monitoring and Enforcement on Financial Reporting Quality. *Journal of the American Taxation Association*, Vol. 36, No. 2, 2014, pp. 137 – 170.

[144] Jacobson L S, Lalonde R J, Sullivan D G, Earnings Losses of Displaced Workers. *American Economic Review*, Vol. 83, No. 4, 1993, pp. 685 – 709.

[145] L He, L Xu, K Duan, et al. , Does Tax Enforcement Reduce Corporate Environmental Investment? Evidence From A Quasi – Natural Experiment. *Frontiers in Environmental Science*, Vol. 12, 2024.

[146] Li J, Wang X, Wu Y P, Can Government Improve Tax Compliance by Adopting Advanced Information Technology? Evidence From the Golden Tax Project Ⅲ in China. *Economic Modelling*, Vol. 93, 2020, pp. 384 – 397.

[147] Lim Y, Tax Avoidance, Cost of Debt and Shareholder Activism: Evidence from Korea. *Journal of Banking & Finance*, Vol. 35, No. 2, 2011, pp. 456 – 470.

[148] Liu Y, Zhao X, State Capacity and Economic Development under

Capital Mobility: Evidence from China. Working Paper, 2017.

[149] Mclean R D, Zhao M, The Business Cycle, Investor Sentiment, and Costly External Finance. *The Journal of Finance*, Vol. 69, No. 3, 2014, pp. 1377 – 1409.

[150] Mironov M, Taxes, Theft, and Firm Performance. *The Journal of Finance*, Vol. 68, No. 4, 2013, pp. 1441 – 1472.

[151] Mukherjee A, Singh M, Zaldokas A, Do Corporate Taxes Hinder Innovation? *Journal of Financial Economics*, Vol. 124, No. 4, 2017, pp. 195 – 221.

[152] North D. C, *Institutional Change and Economic Performance*. Cambridge: Cambridge University Press, 1990, pp. 11 – 16.

[153] Nataliia L, Mariia P, Denys K, Digitalization of Tax Administration in Ukraine: Risks and Opportunities. *Management Theory and Studies for Rural Business and Infrastructure Development*, Vol. 44, No. 4, 2022, pp. 443 – 450.

[154] Olley S, A Pakes, The Dynamics of Productivity in the Telecommunications Equipment Industry. *Econometrica*, Vol. 64, No. 6, 1996, pp. 1263 – 1297.

[155] Ordóñez J C L, Tax Collection, The Informal Sector, and Productivity. *Review of Economic Dynamics*, Vol. 17, No. 2, 2014, pp. 262 – 286.

[156] Rao N, Do Tax Credits Stimulate R&D Spending? The Effect of the R&D Tax Credit in Its First Decade. *Journal of Public Economics*, No. 140, 2016, pp. 1 – 12.

[157] Richardson S, Over – Investment of Free Cash Flow. *Review of Accounting Studies*, Vol. 11, No. 2, 2006, pp. 159 – 189.

[158] Toure Moumbark, Yawovi M. A. Koudalo, Firm Self – Financing, Corruption, and the Quality of Tax Administration in Africa. *Cogent Economics & Finance*, Vol. 11, No. 2, 2023.

[159] Ulingeta Obadia Lebson Mbamba, The Implementation of Block-

chain Technology on Tax Administration in Developing Countries. *International Journal of Blockchains and Cryptocurrencies*, Vol. 4, No. 3, 2023, pp. 187 – 201.

[160] Xiao C R, Shao Y C, Information System and Corporate Income Tax Enforcement: Evidence from China. *Journal of Accounting and Public Policy*, Vol. 39, No. 6, 2020, pp. 1 – 17.

[161] Yao S B, Wu C Y, Liu J, Yang Y, Yuan L Y, Ideas and Measures for Promoting Modernization of Tax Administration in the New Era in the Context of Smart Tax Construction. *Journal of Economics and Public Finance*, Vol. 9, No. 4, 2023.

[162] Zheng T Y, Lin S P, Chen M Q, Tax Enforcement and Investment Efficiency – Based on the China's "VAT reform". *Finance Research Letters*, Vol. 58, 2023.